京浜東北線
100年の軌跡

埼玉・東京・神奈川を結ぶ大動脈

三好 好三

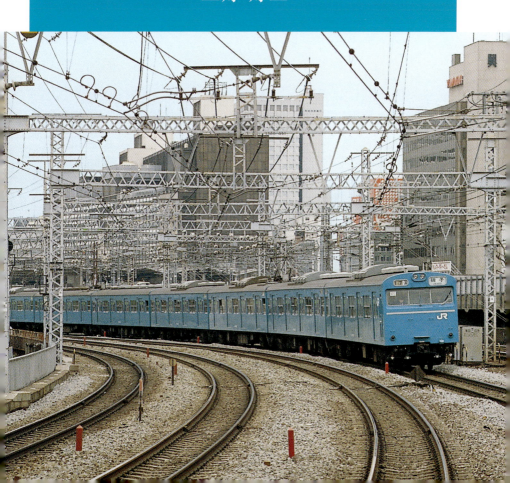

Contents 目次

▶ はしがき

▶ **Chapter1** 写真で見る京浜東北線

▶ **Chapter2** 京浜東北線各駅探見

大宮…18　さいたま新都心…24　与野…26　北浦和…28　浦和…30　南浦和…34　蕨…36
西川口…38　川口…40　赤羽…42　東十条…46　王子…48　上中里…50　田端…52　西日暮里…54
日暮里…56　鶯谷…60　上野…62　御徒町…66　秋葉原…68　神田…72　東京…74　有楽町…78
新橋…80　浜松町…82　田町…84　品川…86　大井町…90　大森…92　蒲田…94　川崎…96
鶴見…100　新子安…102　東神奈川…104　横浜…106　桜木町…110　関内…114　石川町…116
山手…118　根岸…120　磯子…122　新杉田…124　洋光台…126　港南台…128　本郷台…130
大船……132

▶ **Chapter3** 京浜東北線の歴史

前史…136　大正期…138　昭和前期…144　昭和中期…152　昭和後期…160　平成期…161

▶Chapter4　京浜東北線の車両

木製車…166　30系…166　31系…167　40系…167　50系…168　63系…168　73系…169
新72系…169　103系…170　101系…170　205系…171　901系…171　209系…172
209系500番代…172　E233系1000番代…173　クモニ13形…173

▶Chapter5　沿線の私鉄・公営交通

東武野田線…176　埼玉新都市交通伊奈線…176　東京メトロ南北線…177　都電荒川線…177
東京メトロ千代田線…178　京成電鉄本線…178　日暮里・舎人ライナー…179
東京メトロ銀座線…179　東京メトロ日比谷線…180　都営地下鉄大江戸線…180
首都圏新都市鉄道…181　東京メトロ丸ノ内線…181　東京メトロ有楽町線…182
都営地下鉄浅草線…182　ゆりかもめ…183　東京モノレール…183　都営地下鉄三田線…184
京急電鉄本線…184　東急電鉄大井町線…185　東京臨海高速鉄道…185　東急電鉄池上線…186
東急電鉄東急多摩川線…186　東急電鉄東横線…187　横浜高速鉄道みなとみらい線…187
相模鉄道本線…188　横浜市営地下鉄ブルーライン…188　金沢シーサイドライン…189
湘南モノレール江の島線…189

▶あとがき

※各駅の地図は昭和30年頃（根岸線区間は昭和40年頃）
※特記以外の写真は杉﨑行恭撮影

©上野付近　昭和61年11月12日　撮影：小川峯生

まえがき

　その昔、関西の人が横浜駅で京浜東北線を見ると「東京へ来たな」と感じたという。東北の人が大宮で京浜東北線に出会うと「ああ、東京だなあ」と思ったという。今なら新幹線の品川―東京間、赤羽―東京間で車窓から京浜東北線を見かけた時に、同じ感慨をもよおしているかも知れない。

　京浜東北線は東海道本線、東北本線の緩行(普通)電車なのだが、それほど都会の香りを持った路線なのである。現在は並行する東海道・東北の両本線に新型車両が増えて高速サービスが充実しているが、それでも京浜東北線は都市間連絡の老舗路線としての存在感を失っていない。事実上の延長路線である根岸線とともに通勤通学、ビジネス、買い物に利用しやすい生活路線として親しまれている。

　京浜東北線は100年前の大正3年(1914)12月20日に、赤煉瓦の東京駅の開業と同じ日に、愛称路線名「京浜線」として開業して以来、根岸線を含めて東京を南北に縦断する専用の複線レールを守ってきた。関東大震災、太平洋戦争と二度の苦難には遭遇したが、挫けることなく、常に東京、横浜の顔として市民を元気づけてきた。

　本書はそのような根っからの都会派であり、ダイナミックで運の強い京浜東北・根岸線の歴史と現状をまとめてみたものである。さらなる歴史探見、各駅探見をされる契機ともなれば幸甚だと思っている。

有楽町駅の京浜東北線クハ55800。後方のビルは毎日新聞東京本社。
◎昭和35年12月11日　撮影：小川峯生

Chapter 1

Pictures of Keihin Tohoku line

写真で見る京浜東北線

昭和時代、特に第二次大戦後の京浜東北線は40系、63系に始まり、72・73系、103系、209系、E233系と進化を遂げてきた。しかし配置両数がきわめて多い当線では、それら諸形式の各全盛期には車両の動きが止まった観が生じることは避けられず、規格化された印象が強まるのも特色となっている。ここでは103系以降にしぼり込んで、京浜東北線の全盛期のうちの一つを再現してみた。

神田駅に停まるクロハ16形800番代。◎昭和32年6月15日　撮影：上原庸行

大井町付近を並走する横須賀線の113系(右)と京浜東北線の103系低窓車(左)。昭和47年10月14日 撮影:小川峯生

川口〜赤羽間の荒川橋梁を渡る103系の10連。京浜東北線のスカイブルーが美しく映える舞台の一つだった。◎昭和61年4月27日　撮影：安田就視

京浜東北線の103系は長い時間をかけて72系と交代し、ATO搭載による高窓タイプに進化するなど、さまざまな顔が見られた。写真は比較的古いタイプのクハ103形。◎鶴見駅　昭和56年頃　撮影：高野浩一

鶯谷―日暮里間を並走する京浜東北線と山手線の103系。色違いながら、両線の車両形式が最も長く一致していたのは103系の時代だった。◎昭和54年7月23日　撮影：安田就視

大井町駅付近を走る101系南行電車。両数の多い京浜東北線では72系から103系に入れ替えるにも時間を要したので、中央線から101系5本が応援に入っていた。◎昭和47年10月14日　撮影：小川峯生

王子駅北口付近の俯瞰。手前の複々線が東北本線、奥が京浜東北線。185系の上野―大宮間連絡新幹線リレー号と京浜東北線の103系がすれ違う。写真の中央付近では東北新幹線の高架工事が進んでいる。◎昭和58年4月13日　撮影：安田就視

田町駅の北側を品川方向に進む京浜東北線の103系。快速運転時間中なので、方向幕に「快速」の文字が出ている。右は新幹線の上を並行する東京モノレール、左の高層ビルは貿易センタービル。◎平成元年4月14日　撮影：小川峯生

103系高窓車と並走する新幹線0系。浜松町—田町間は地平を走る新幹線と並ぶことが多いが、すぐ追い抜かれる。◎昭和63年10月18日　撮影：小川峯生

大井町付近を疾走中の鶴見行き103系(クハ103形)高窓車。山手・京浜東北線はATC搭載により、全編成の先頭車が高窓車になった。◎平成元年4月14日　撮影：小川峯生

日本にやってきたオリエント急行の客車とすれ違う京浜東北線103系。遠来の客車は古い車両ながら、かなりの大型車で、車体幅はわが国在来線の規格ぎりぎりだった。◎浜松町　昭和63年10月18日　撮影：小川峯生

有楽町駅に停車中の山手線内回り(左)と京浜東北線北行(右)。山手線は前面に「こんにちはJR」のヘッドマークを付けている。両線の103系が最も美しく揃っていた時期だった。◎昭和62年4月11日　撮影：小川峯生

川口―赤羽間を疾走する205系。103系の後継形式の一つだったが、京浜東北線には少数の配置に終った。◎平成2年　撮影：松本正敏（RGG）

品川駅の俯瞰。京浜東北線の209系北行電車が発車していく。ホームの奥では新幹線の基地が整地されて品川インターシティの建設準備が進んでいた。◎平成6年4月　撮影：小川峯生

209系は京浜東北線の顔として17年間在籍したが、103系ほどには人気を得られなかった。
◎平成15年4月　撮影：小川峯生

209系500番代は、京浜東北線の209系交代期に助っ人として中央・総武緩行線から少数が入線しただけだった。209系の0番代よりも車体幅が15cm広く、かなり改良されていた。
◎所蔵：フォト・パブリッシング

オレンジ色の京浜東北線103系。車両の転用が活発化した時期には色違いのまま使用された。この編成は中央快速線から転入したもの。誤乗防止のためステッカーが貼ってある。◎新橋　昭和52年11月　撮影：高野浩一

京浜東北線と交差する国鉄線

赤羽—十条間を池袋に向かう赤羽線の103系。山手線の支線なので、同じ黄色になっていた。撮影の翌年に埼京線が開業し、赤羽線は運行上から同線に吸収された。205系が入るまで、埼京線も黄色の103系が活躍した。
◎昭和59年1月20日　撮影：安田就視

日暮里駅に進入する常磐線快速の103系。同線も車両の過渡期で、2両目以下は各停・地下鉄乗り入れ用の103系1000番代との混結である。左の線路は東北本線、右の広軌線路は京成電鉄線。◎昭和59年頃　撮影：高野浩一

川崎駅に停車中の南武線の101系。中央・総武緩行線から転入した黄色の101系が南武線のラインカラーになり、103系にも引き継がれ、205系以降は帯も黄色が維持されている。◎昭和56年頃　撮影：高野浩一

鶴見から分岐する鶴見線の旧型73形。車体更新改造により左の72系920番代に近い車体になった車両もあった。◎国道駅　昭和53年頃　撮影：高野浩一

浅野駅に停車中の鶴見線のオレンジ色101系。中央快速線から転属してきたもので、103系化されるまで在籍した。◎昭和56年頃　撮影：高野浩一

複雑な車両異動期の頃の横浜線103系。ブルーとグリーンの混結が多く、京浜東北・根岸線乗り入れ車は「横浜線」のサボが欠かせなかった。◎東神奈川　昭和55年頃　撮影：高野浩一

COLUMN
絵葉書で見る京浜線

大正時代の京浜線デハ6340形ほかの4連と東海道本線9600形蒸機牽引の貨物列車。蒲田―川崎間の撮影で、輸入品の架線鉄柱がものものしい。京浜間は国鉄初の複々線区間であった。◎所蔵：三宅俊彦（3点とも）

横浜―桜木町間を行く京浜線デロハ6130形＋サロハ6190形＋デハ6340形の3連。右下は横浜電気鉄道(後の横浜市電)、左の更地は後の三菱造船所の一部。着色絵葉書。

新橋付近の高架線上を行く京浜線デハ6130形＋デハ6340形の2連。大正4年頃の撮影で、高架上は複々線だが、奥の東海道本線の複線は未電化のため、架線は張ってない。着色絵葉書。

Chapter 2

Station explorer

京浜東北線 各駅探見

起終点を含めて46駅もある京浜東北・根岸線の各駅には、その地域の特色が表れているほか、駅自体も各停専用の小駅、大都市のターミナル駅・ジャンクション駅の一部、本線並みの大駅など、さまざまである。その各駅に下車していくと興味は尽きず、さらに目を凝らして観察するならば上等な「社会科見学」になること、請け合いである。以下はその一端をまとめたものである。

大宮駅の京浜東北線ホームの駅名標。起終点を矢印が表している。

| 乗車人員 | 245,479人(2013年度) |

大宮
おおみや

大宮駅東口。バスの系統が多く、行列が見られる。

所在地	埼玉県さいたま市大宮区錦町
開業年	明治18年(1885)3月16日
ホーム	新幹線高架駅:島式3面6線／在来線地上駅:島式5面10線／在来線地下駅:島式2面4線
キロ程	30.3km(東京起点)
隣の駅	(1.6km)さいたま新都心▶
接続JR線	東北・山形・秋田・上越・北陸(長野)新幹線、東北本線(宇都宮線)、高崎線、湘南新宿ライン、埼京線、川越線
接続民鉄線	東武鉄道野田線、埼玉新都市交通

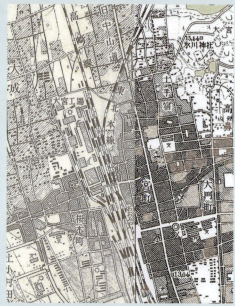

駅の下側(南)には大宮機関区と操車場への分岐線が見える。駅の上側(北)はすぐに東北本線が右に、高崎線が左に分岐している。その西側の広大な敷地は大宮工場が占めている。繁華な東口に比べ、西口には田園地帯が残る。

「鉄道の街」の新幹線も停まる巨大な駅、華やかな駅

　大宮駅は明治18年(1885)に現在の東北本線と高崎線の分岐駅として誕生した。立地の良さから明治27年(1894)に駅北側に機関車、客車、貨車の修繕と一部製造を行う大宮工場が開設され、現業部門が集まる有数の鉄道の街の駅となった。昭和40年代までの大宮駅は駅南側の大宮機関区、大宮操車場、駅北側の大宮工場に挟まれて、汽車の煙と香りが漂う駅であった。

　現在は駅北側にJR東日本の大宮総合車両センターとJR貨物の大宮車両所(共に旧大宮工場の後身)、鉄道博物館があり、駅南側には縮小された貨物の側線群(旧大宮操車場の一部)がある。旧大宮操車場の跡地は「さいたま新都心駅」とその周辺のビル街として再開発が進んだ。

　大宮駅はホームの数が多く、次のように使用している。

地平ホーム ①②京浜東北線、③④東北本線(宇都宮線)上り・湘南新宿ライン南行(横須賀線直通)、⑥⑦高崎線上り・湘南新宿ライン南行(東海道線直通)、(⑦成田エクスプレス)、⑧高崎線下り(上野始発)、⑨東北本線(宇都宮線)下り(上野始発)、⑪湘南新宿ライン北行(東北本線〔宇都宮線〕系統)・湘南新宿ライン北行(高崎線系統)・東武線直通特急(東北本線経由、スペーシアきぬがわ・日光・きぬがわ)

高架ホーム(新幹線) ⑬⑭⑮東北・山形・秋田・上越・北陸(長野)新幹線上り、⑯⑰東北・山形・秋田新幹線下り、⑱上越・北陸(長野)新幹線下り

地下ホーム(埼京線・川越線) ⑲⑳埼京線上り、㉑㉒埼京線・川越線下り

　他に1番線(京浜東北線)の東隣には東武鉄道野田線の大宮駅(頭端式の1面2線)があり、

京浜東北線 ▶ 大宮

大宮駅西口。奥は上が大宮駅新幹線ホーム、2階部分が通路。◎昭和57年5月　撮影：安田就視

　新幹線ホームの北寄り階下には埼玉新交通伊奈線（ニューシャトル）の単線ループと同線の大宮駅ホームがある。
　大宮駅は地平ホームの上をまたぐ橋上駅の形をとっており、広々とした中央通路が東口、西口間の自由通路になっている。通路に面して南側に中央改札（南）・南改札があり、北側に中央改札（北）・北改札がある。南側の改札内にはエキュート大宮、北側の改札内にはディラ大宮があって、駅ナカ店舗として利用客が多く、一つの街のような活気と華やかな雰囲気がある。
　東口は駅ビルのルミネ大宮1、高島屋の周辺に商業ビル、商店街が集まって繁華街を形成している。大宮の語源となった氷川神社へは約2km、神社の隣には広大な大宮公園がある。
　西口には西武鉄道大宮線（川越久保町―大宮間12.87kmの路面電車、明治39年〔1906〕開業）

があったが、国鉄川越線の開通により昭和16年（1941）5月に廃止、それ以前も以後も駅周辺は小規模な商店街と住宅地だった。新幹線開通を前に再開発が行われ、現在はそごう大宮店、大宮ソニックシティ、シーノ大宮、アルシェなどの商業施設、オフィス、文化施設のビルや、予備校のビルが林立している。TVで紹介される近年の大宮の街はほとんどが西口駅前のロケである。
　平成13年（2001）5月に浦和、大宮、与野の3市が合併して政令指定都市「さいたま市」が成立（平成17年に岩槻市を合併）して以降は、かつてのように大宮が県南の中心地であるような表現は減っている。ただし、サッカーの街・さいたま市と称されながらも、Jリーグの「大宮アルディージャ」の本拠地は大宮であることを明確にしている。ホームスタジアムはNACK5スタジアム大宮（大宮公園）である。

大宮駅4番線に停車中のクハ16形400番代。当時の基本5両編成。奥が東京方面。◎昭和37年1月　撮影：荻原二郎

大宮駅4番線ホームとクハ16形100番代。珍しく17m車が基本編成に入っていた。
◎昭和32年6月　撮影：西尾源太郎

京浜東北線 ▶ 大宮

改築前の大宮駅西口。当時は地方の小駅の印象だった。◎昭和42年9月2日　撮影：荻原二郎

大宮駅俯瞰。新幹線大宮開業当日の風景。右上は国鉄大宮工場。◎昭和57年6月23日　撮影：吉村光夫

大宮駅2番線の京浜東北線103系。◎昭和57年5月　撮影:安田就視

大宮駅東口前の風景。髙島屋などの大型商業ビルと商店、飲食店が併存している。
◎昭和57年5月　撮影:安田就視

京浜東北線 ▶ 大宮

大宮駅東口。駅前はかなり広いがバスとタクシーでいっぱいになる。
◎昭和57年5月　撮影：安田就視

大宮駅京浜東北線ホームに隣接して右手に東武野田線の大宮駅がある。直通運転の要望が時々出てくる。

大船駅までの列車が多いが、ラッシュ時には途中駅止まりも運転される。

| 乗車人員 | 42,135人 |

さいたま新都心
しんとしん

斬新な設計のさいたま新都心駅改札口。

所在地	埼玉県さいたま市大宮区吉敷町四丁目
開業年	平成12年(2000) 4月1日
ホーム	島式2面4線
キロ程	28.7km(東京起点)、大宮から1.6km
隣の駅	◀大宮(1.6km)　(1.1km)与野▶
接続JR線	東北本線(宇都宮線)、高崎線
接続民鉄線	なし

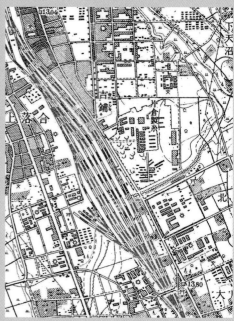

大宮操車場の東側、片倉製糸工場のある辺りの西側にさいたま新都心駅が建設された。当地図の時代のこの一帯は駅間ということもあって田園風景が広がっていた。

広大な操車場跡に出現した未来志向の新駅

　大宮駅を発車して多数の線路とともにしばらく進むと、操車場跡地の白亜の高層ビル群に囲まれた「さいたま新都心駅」に着く。旧大宮操車場は昭和2年(1927) 8月に大宮駅付属の貨物列車施設として開設されたもので、長さ3.3km、面積58万㎡、1日の貨車取扱い能力5,300両という大規模な施設だった。大宮操駅、大宮操車場と改称を重ねながら存続していたが、貨物輸送の減少により、昭和61年(1986)までに貨物扱いを廃止した。一部の線路は貨物列車をさばく現・大宮操車場として現存している。

　更地となった操車場跡地に誕生した駅が平成12年(2000)に東北本線(宇都宮線)、高崎線、京浜東北線が停車する2面4線の橋上駅としてお目見えした「さいたま新都心駅」である。

　当駅を取り巻く近未来的なビル群は、東口に

東西自由通路もドームに覆われていて全天候対応型という念の入れ方だ。

京浜東北線 ▶ さいたま新都心

駅から至近の「さいたまスーパーアリーナ」。スポーツからコンサートに至る多目的ホールとして建設された。

コクーン新都心、大宮カタクラパーク、イトーヨーカドー大宮店、三菱マテリアル中央研究所、西口にさいたまスーパーアリーナ、さいたま新都心合同庁舎1・2号館、レフレさいたま等々。その外周(旧操車場以外の市街地)にはホテル、マンションが点在するが、後背地は住宅密集地である。今のところ、駅の周辺だけが特に目立つコンクリート・オアシスの様相を見せている。

東北本線(宇都宮線)ホームを通過する651系特急「あかぎ」。常磐線のスーパーひたちで活躍した車両である。

さいたま新都心駅に停車中の大宮行北行。橋上駅と自由通路が線路を跨いでいる。

| 乗車人員 | 24,856人 |

与野
よの

与野駅西口。

所在地	埼玉県さいたま市浦和区上木崎一丁目
開業年	大正元年(1912)11月1日
ホーム	島式1面2線
キロ程	27.6km(東京起点)、大宮から2.7km
隣の駅	◀さいたま新都心(1.1km) (1.6km)北浦和▶
接続JR線	なし
接続民鉄線	なし

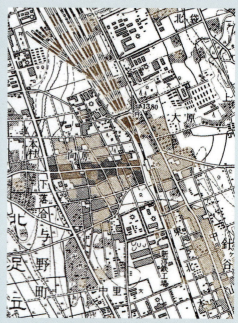

広大な大宮操車場の線路が絞り込まれて複線(当時)となった地点に与野駅がある。左側(西)が与野町の中心で住宅地になっていた。駅の周辺にはまだ畑も多かった。

大宮と共に歩んできた昔も今も住宅地の駅

　昭和2年(1927)に開業した大宮操車場は南北に長かったので、与野駅のすぐ北側まで貨物側線の線路が迫っていた。そのため貨物輸送の全盛期には目立たない駅だった。しかし駅の西側は旧与野市の住宅地として開けていて、古くからのベッドタウンとして知られていた。与野駅の所在地は浦和区に含まれているが、旧与野市の旧市域は「中央区」(駅の西側)になっている。

　大宮バイパス(国道17号)が通る西口だけの駅だったが、昭和33年(1958)11月に県道164号線(旧17号。旧中山道)に近い東口が開設された。過去、現在ともに駅周辺の商店街は小規模で、近年は高層、超高層のマンションが増えており、東京のベッドタウン化がさらに進んでいる。

　中央区内には昭和60年(1985)9月30日に開業した「埼京線」の北与野、与野本町、南与野駅があり、老舗(しにせ)の与野駅から多数の利用客がそちらに移動した。与野駅は西側に東北本線の旅客線・貨物線と、武蔵野線と連絡する大宮支線の線路が並行しているが、すべて当駅は通過する。県内のこうした京浜東北線だけのホームがある情景は(浦和駅を除いて)川口駅まで続く。

与野駅ホーム。かつての住宅街は再開発により高層のマンション街に変貌している。

武蔵野線府中本町―大宮間の直通電車。武蔵野線の103系化進行中で寄せ集めの編成。
◎昭和60年8月23日　撮影：小川峯生

与野駅西側を通過中の185系上野―大宮間新幹線連絡「新幹線リレー号」◎昭和57年7月15日　撮影：荻原二郎

与野駅は橋上駅。駅舎が東北本線上にも張り出している。

駅構内に展示の「大原の大けやき」。幹回り6.1mという巨木で中山道のランドマークになっていたが、老齢のため平成22年に惜しまれつつ伐採された。

与野の橋上駅から浦和方向を望む。貨物線上を単機回送のEF651106号機が行く。

| 乗車人員 | 50,727人 |

北浦和
きたうらわ

北浦和駅西口。

所在地	埼玉県さいたま市浦和区北浦和三丁目
開業年	昭和11年(1936)9月1日
ホーム	島式1面2線
キロ程	26.0km（東京起点）、大宮から4.3km
隣の駅	◀与野(1.6km)　(1.8km)浦和▶
接続JR線	なし
接続民鉄線	なし

大宮までの京浜線電車の開業により住宅や学校が急増して開設された駅だけに、戦前から住宅地が広がっていた。特に西口は旧浦和市でも文教地区として知られていた。

宅地化に応えて開業、"東西南北浦和駅"の第1号

北浦和駅西口。埼玉大学の最寄駅のため、学生の利用も多い。◎昭和37年9月2日　撮影：荻原二郎

京浜東北線 ▶ 北浦和

北浦和駅東口。開業当時の姿を留めていた。
◎昭和37年9月2日　撮影：荻原二郎

北浦和駅ホームと更新73形。新性能車の投入がなかなか進まなかった京浜東北線では63系改造の73形の車体更新改造車が若干投入されていた。◎昭和46年3月31日　撮影：荻原二郎

ホームから東北本線、同貨物線を見る。185系特急の回送列車が貨物線上を東大宮に向かう。

北浦和駅ホーム。大宮行きが停車中。

　昭和7年（1932）の京浜線（現・京浜東北線）電車の運転開始により、大宮台地と低地に広がる田園地帯だった旧浦和市北部にも住宅や学校が増えてきたことから、請願によって開設された電車専用駅である。

　駅の西側には国道17号（旧大宮バイパス。国道463号と重複）、東側には旧中山道（県道65号）が通っていて、それぞれ商業地域となっている。東口、西口には多数のバスが発着しており、市内の住宅地、県立高校、市立高校、私立高校、埼玉大学などを結ぶ系統の起終点になっている。大宮—川口間の各駅と同様、東京への通勤通学客が多く、朝の南行電車はかなりの混雑となる。

　繁華街は東口の駅前通り、旧中山道、平和通り商店街が賑わっており、高層マンション階下のショッピングモールも人を集めている。西口は新旧の店舗が渾然としたハッピーロード（北浦和西口銀座商店街）が趣のある街並みを見せている。

　旧浦和市内の駅には、本家の浦和（京浜東北線）の他に北浦和（同）、南浦和（同・武蔵野線）、西浦和（武蔵野線）、武蔵浦和（同・埼京線）、東浦和（武蔵野線）、中浦和（埼京線）、浦和美園（埼玉高速線）と、東西南北＋αが「浦和」の上や下に付く駅が7駅あるが、当駅はその第1号。地元町名を無視したまぎらわしい命名法との声がある一方、線別に見ればこの方がわかりやすい、という声もある。

| 乗車人員 | 84,230人 |

浦和
うらわ

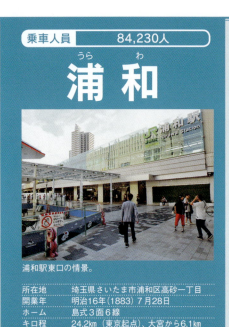

浦和駅東口の情景。

所在地	埼玉県さいたま市浦和区高砂一丁目
開業年	明治16年(1883)7月28日
ホーム	島式3面6線
キロ程	24.2km(東京起点)、大宮から6.1km
隣の駅	◀北浦和(1.8km)　(1.7km)南浦和▶
接続JR線	東北本線(宇都宮線)、高崎線、湘南新宿ライン
接続民鉄線	なし

赤羽―大宮間が複々線だった時代の地図で、ホームのある旅客線と通過する貨物線がよく分かる。昭和43年に3複線化し、東北本線旅客線にホームを新設、京浜東北線と分離した。県庁のある駅西口周辺は整然とした街並みだ。

県庁所在地―閑静な住宅地が広がる「さいたま市」の中心駅

　非電化・複線だった赤羽―大宮間が順次貨物線を分離して複々線化され、旅客線を電化のうえ京浜線の電車が赤羽から大宮まで延伸開通したのが昭和7年(1932)9月1日のことだった。これにより東北本線、高崎線のほとんどの列車が浦和を通過するようになり、「優等列車が停まらない県庁所在地」としてクイズなどに出題されて有名駅?になる。

　その後貨物線も電化されたが、昭和43年(1968)9～10月に赤羽―与野間に複線の線路が増設され、京浜東北線2、東北・高崎線2、貨物用2の6線(3複線)になった(新設の貨物線は旅客列車も通る)。当駅では在来の旅客線にホームが設けられ、朝夕のみ東北・高崎線の中距離電車が停車となる。平成16～23年(2004～2011)に高架化が行われ、平成25年(2013)に貨物線にホームを増設して湘南新宿ライン、特急の一部も停車するようになった。これでクイズや揶揄に一矢を報いることができた。

　戦前戦後を通じて、浦和は東京のインテリ層から「住みたい街」の一つに挙げられてきた。閑静な住宅地は都会人の憧れであり、東京への通勤も京浜東北線1本で楽な点が魅力だった。公務員、会社員のほか関東大震災以後は東京を逃れた芸術家の居住も増えて、「鎌倉文士に浦和画家」と称された。その一方で浦和の東京志向も相当なもので、京浜東北線、東北本線(宇都宮線)、高崎線は東京への通勤通学客輸送に追われてきた。

　西口は県庁、市役所を筆頭に官庁、行政機関が多く、商業施設としては浦和コルソ、伊勢丹浦和店の他は小規模な商店街が見られる程

京浜東北線 ▶ 浦和

地味だった浦和駅西口。駅舎の裏はすぐ京浜東北線南行の線路。◎昭和57年5月　撮影：安田就視

度で、街は閑静である。東口も浦和パルコ、市立図書館が近くにあり、大型商業施設や娯楽施設は少ない。マンションの増加が目立つが、主流は文教の街らしい静かな住宅地である。

　浦和はサッカーの街。浦和レッズのホームスタジアムは、①埼玉スタジアム2002（埼玉高速浦和美園駅）、②さいたま市浦和駒場スタジアム（浦和駅、北浦和駅からバス）の2ヵ所あって、①がメインとなっている。

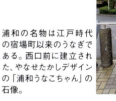
浦和の名物は江戸時代の宿場町以来のうなぎである。西口前に建立された、やなせたかしデザインの「浦和うなこちゃん」の石像。

工事中の浦和駅西口。耐震工事も含めた大がかりなものだった。

京浜東北線のホームだけだった浦和駅は、東北本線、貨物線(特急、湘南新宿ラインも通る)のホームが完成し、現在は3線とも高架化されている。

地味だった浦和駅の西口旧駅舎。
◎昭和42年9月2日　撮影：荻原二郎

浦和駅西口。現在の駅本屋の基礎となった。
◎昭和46年3月30日　撮影：荻原二郎

| 乗車人員 | 59,094人 |

南浦和
みなみ うらわ

南浦和駅東口。京浜東北線の地平ホームが見える。

所在地	埼玉県さいたま市南区南浦和二丁目
開業年	昭和36年(1961)7月1日
ホーム	島式2面4線
キロ程	22.5km（東京起点）、大宮から7.8km
隣の駅	◀浦和(1.7km)　(2.8km)蕨▶
接続JR線	武蔵野線
接続民鉄線	なし

左上の女学校(現浦和第一女子高)から下に見ていくと弓型に横断する道があり、それに沿った地名を根岸、深水と辿り、東北本線を越えて大塚の文字と結んだ線に武蔵野線、東北本線と交差する地点に南浦和駅が開設された。

武蔵野線連絡と広大な車両基地のある駅

　京浜東北線の車両基地である浦和電車区の建設に合わせて昭和36年(1961)7月に開設された駅。当駅始発、終着になる電車が多く、昭和48年(1973)4月1日に開通した武蔵野線との相互乗り換え客が多い。

　駅の東口は繁華街、飲食街が広がり、スーパーとドラッグストアが点在する。駅前通りを進むと予備校が目白押しで、それを越えると小松原女子高校もある閑静な住宅地に出る。東口からは浦和競馬場にも近く、送迎バスで5分、徒歩で15分。浦和駅からとほぼ同じ距離だが、武蔵野線が加わるだけに当駅からのほうが混み合う。

　西口も公共施設やスーパーが点在する商店街だが、それを過ぎれば埼玉県立浦和第一女子高校、浦和実業学園中・高などが立地する文教住宅地である。

　駅の南側には浦和電車区とその操車場が広がっている。ここには京浜東北・根岸線用のE

武蔵野線を走る101系1000番代。

京浜東北線 ▶ 南浦和

南浦和付近を行く武蔵野線開業30周年記念のヘッドマークを付けた武蔵野線の103系。◎平成15年4月27日　撮影：小川峯生

京浜東北線ホーム。当駅始発・終着の列車があるため、2面4線となっている。頭上は交差する武蔵野線のホーム。

南浦和駅西口。地平の京浜東北線、高架上の武蔵野線への階段と通路が複雑そうに見える。

　233系1000番代の10連×83本＝830両が配置されており、1系列の集中配置車両数としてはJR各社の在来線、私鉄間でもトップ。京浜東北線の輸送密度の高さがわかる。

　浦和電車区だけでは収容しきれないので、一部列車は下十条運転区、蒲田電車区、東神奈川電車区、蒲田電車区磯子派出所、本郷台駅の留置線、および大宮、上野、大船駅のホームで夜間外泊している。電車にも自宅に帰れない出張泊があるのだ。

| 乗車人員 | 58,789人 |

蕨
わらび

蕨駅東口。駅前は狭い。

所在地	埼玉県蕨市中央一丁目
開業年	明治26年(1893)7月1日
ホーム	島式1面2線
キロ程	19.7km（東京起点）、大宮から10.6km
隣の駅	◀南浦和(2.8km)　(1.9km)西川口▶
接続JR線	なし
接続民鉄線	なし

線路西側の大きな工場は日本車輌東京支店の蕨工場。現在は高層団地になっている。日車の南側は蕨市内。日車と線路東側の市街地は川口市。まだ田園風景が見られた。

新幹線0系を生んだ「日車」の街から高層住宅都市へ

　蕨駅は請願により明治26年(1893)に開設され、Ⅲ代目にあたる橋上駅舎が昭和42年(1967)に完成して現在に至っている。蕨市は機織り物の街から住宅都市に変貌した面積5.10平方kmのこぢんまりした都市だが、人口密度は市区町村で日本一という過密ぶり。駅周辺の商店街も小規模で、駅からすぐ隣の川口市の市街と一体化している。

　かつては駅西口近くの線路際（行政区は川口市）に日本車輌（本社・名古屋市）東京支店の工場があった。昭和9年(1934)に東京の向島区（現・墨田区）隅田町から移転してきて、国鉄向けの客車・電車・新幹線0系車両、私鉄向けの電車・気動車、路面電車を製造していた。完成車が車窓から望めたが、昭和46年(1971)6月に豊川工場（愛知県）に統合して閉鎖された。跡地は高

蕨駅ホームの情景。数少なくなったホームの売店が昭和の良き時代をしのばせる。

京浜東北線 ▶ 蕨

日本車輌東京支店(通称:日車蕨)の跡地である川口芝園団地の前を、京浜東北線ほか3複線が通り抜ける。
◎平成26年11月　撮影:木村嘉男

層ビルの日本住宅公団(現・UR都市機構)の川口芝園団地(2,454戸)に生まれ変わった。屏風を立て並べたようなデザインに特色がある。

蕨市は、さいたま市と同様に東京への通勤通学客が多く、典型的なベッドタウンの一つである。川口市、戸田市、旧鳩ケ谷市との合併案が何度か浮上したが、物別れに終わり、日本一小さな「市」を堅持している。

橋上の蕨駅から東口を見る。駅前通りを少し進むと川口市で、街は一体化している。

蕨駅ホームから大宮方向を見る。左端のこの辺りから日車への専用線が分岐していた。

| 乗車人員 | 53,069人 |

西川口
にしかわぐち

西口駅前の情景。

所在地	埼玉県川口市並木二丁目
開業年	昭和29年（1954）9月1日
ホーム	島式1面2線
キロ程	17.8km（東京起点）、大宮から12.5km
隣の駅	◀蕨（1.9km） （2.0km）川口▶
接続JR線	なし
接続民鉄線	なし

複々線がまっすぐに通り抜けている。一面の田畑で、少し開発が進んだところ。開設されてまだ日の浅い西川口駅の周辺も市街地化が進み始めた当時の図である。

川口市の発展で田園地帯に誕生した商業・住宅・文化の街

　田園地帯に住宅が建ち始めた昭和29年（1954）に、請願駅として開設された駅で、当初は東北本線貨物線と旅客線（京浜東北線と共用）の複々線をまたぐ屋根なしの跨線橋に添えるような形で橋上駅が設けられていた。

　以後は駅周辺の商業施設と宅地の開発が進み、昭和の末期からは風俗店、飲食店などが西口に集まって歓楽街を形成した。環境と治安状態も悪化したが、平成12年（2000）頃から環境浄化が推進され、現在では健全な商業地区として発展を続けている。家族連れで楽しめるB級グルメのタウンとしても名を上げてきた。

　東口は飲食店を含めて商業施設に活気があり、並木商店会が「アトム通貨」（商店街だけで通用する通貨。鉄腕アトムの街・高田馬場が起源）を取り入れた独特の商法で知られるようになった。

　東口、西口ともに後背地は住宅密集地で、高層のタワーマンションの点在する光景が見られる。当駅も大宮以南の各駅と同様、"埼玉都民"の利用が多く、東京方面に向かう朝ラッシュは混雑する。駅周辺には駐輪場が多数あって、駅までの通勤通学客の多さを物語っている。

島式ホーム1本、橋上駅という構造は大宮―川口間の駅に多く見られるスタイルだ。

京浜東北線 ▶ 西川口

西川口駅東口。跨線橋に添える形で建設された駅舎。◎昭和40年1月10日　撮影：荻原二郎

西口駅前の情景。駅ビル内のBeansが繁盛している。

西口の入口。駅ビルのショッピングセンターに押されてか、あまり目立たない。

| 乗車人員 | 80,410人 |

川口
かわぐち

鋳物風の装飾を施した西口の駅名標。

所在地	埼玉県川口市栄町三丁目
開業年	明治43年（1910）9月10日
ホーム	島式1面2線
キロ程	15.8km（東京起点）、大宮から14.5km
隣の駅	◀西川口（2.0km） （2.6km）赤羽▶
接続JR線	なし
接続民鉄線	なし

左上の工場はサッポロビール埼玉工場。東口駅前はまだ戦前からの広場が健在だった。西口の広い施設は資源技術研究所（旧燃料研究所）。現在は文化、住宅のセンター。

鋳物の街から東京至近の商業・住宅都市へ

　明治43年（1910）9月に「川口町駅」として開業、市制施行により昭和9年（1934）2月15日に「川口駅」と改称した。駅開業当時から街はすでに「鋳物の川口」としての歴史を重ねており、市の中心部には鋳物工場が多数集まっていた。鋳物工場でコークスの燃焼熱で鉄を溶かし、溶解して液体状にするための円筒形の炉「キューポラ」（Cupola furnaceの略）の排煙塔が屋外に突き出ている光景が川口の名物となっていた。いわゆる「キューポラのある街」である。

　鋳物は昭和40年代半ばからの不況によって次第に縮小され、廃業した工場の跡地にはマンションが建設されるようになった。現在も旧市内で鋳物の生産を続けている工場はわずかになっている。

　川口市は人口56万、荒川をはさんで東京都北区に隣接しているだけに東京への通勤通学客が多く、市の性格は住宅都市に変貌している。

　概して川口駅の周辺から荒川にかけて広がる低地は行政、公共、商業施設と住宅地で、天摩（ま）する超高層マンションが増えている。市の北西部、北東部の台地上は緑地公園や病院、団地、住宅地、一部工業地帯で、安行（あんぎょう）地区の盆栽、植木が有名。

　川口駅は1面2線の橋上駅で、東口には駅前の「そごう」や商業ビルが並び、川口市が運営する文化・商業施設の「キュポ・ラ」もある。駅東口周辺には多数の商店街が縦横に広がっていて、一大繁華街を形成している。

　かつては駅東側で貨物扱いを行い、浦和寄りにはサッポロビール埼玉工場もあったが、貨物扱いは廃止され、ビール工場も平成15年（2003）

川口駅西口。東口に比べ質素だった。◎昭和40年1月10日 撮影：荻原二郎

川口駅東口。列車時代の面影を留める駅舎だった。◎昭和40年1月10日　撮影：荻原二郎

に閉鎖された。跡地は商業・文化施設の「アリオ川口」「川口市立アートギャラリー・アトリア」になっている。貨物線から高架単線でビール工場、貨物駅と連絡していた専用線は、現在も列車線を越える高架橋だけが残っている。西口は商業施設はないが、林立する高層マンションに見合った広い公園が用意されている。

川口駅ホームの点描。島式ホーム1本なのでラッシュ時にはかなり混雑する。

東口駅前はペデストリアンデッキで主要ビルと連絡している。遠方の高層ビル群はマンションである。

| 乗車人員 | 89,742人 |

赤羽
あかばね

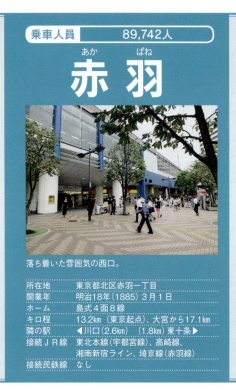

落ち着いた雰囲気の西口。

所在地	東京都北区赤羽一丁目
開業年	明治18年(1885)3月1日
ホーム	島式4面8線
キロ程	13.2km（東京起点）、大宮から17.1km
隣の駅	◀川口(2.6km)　(1.8km)東十条▶
接続JR線	東北本線（宇都宮線）、高崎線、湘南新宿ライン、埼京線（赤羽線）
接続民鉄線	なし

駅西側に広がる高台の住宅団地は旧陸軍の施設が並んでいた跡地を再開発したもの。駅東側の平地は関東大震災後に開けた商業、工業、住宅地域で地図の当時は道路が狭かった。

東京の「北入口」の繁華な街の駅

　川口を発車してしばらく行くと荒川の長い橋梁を3複線で渡る。対岸に着くと東京都北区で、右手から現れる東北新幹線と埼京線（東北本線の別線）とともに高架の赤羽駅にすべり込む。

赤羽駅西口。◎昭和39年6月14日　撮影：荻原二郎

　赤羽駅はかつて島式2面4線の東北本線、赤羽線のホームが地平にあり、後から開通した京浜東北線の1面2線のホームが土盛りの高架上にあって、乗り換えが煩わしかった。現在では各線とも高架化されて以下のホームが並んでいる。
　①京浜東北線南行、②京浜東北線北行、③東北本線（宇都宮線）・高崎線上り、④東北本線（宇都宮線）・高崎線下り、⑤湘南新宿ライン南行（新宿・横浜・大船・小田原・逗子方面）、⑥湘南新宿ライン北行（大宮・宇都宮・高崎方面、さいたま新都心は通過）、⑦埼京線南行（池袋・新宿・大崎・りんかい線方面）、⑧埼京線北行（武蔵浦和・大宮・川

京浜東北線 ▶ 赤羽

西口のビビオ。駅から少し離れているが、客の数が多い。

赤羽駅京浜東北線のホーム。昭和5年に盛り土の高架線で登場した当駅では最も古い高架ホームである。

京浜東北線ホームへの階段、エスカレーター。囲いの壁面に京浜東北線のラインカラーの装飾がある。

赤羽線に黄色の103系が走っていた頃。◎昭和54年1月28日　撮影：荻原二郎

越方面）
＊新幹線は⑦⑧番線の上を2層高架で通過している。

　この赤羽駅から上野駅までは右手に高台の武蔵野台地、左手には沖積平野の低地（平地）が続く。高台と平地を区切る垂直の壁（崖）や急坂は、縄文海進期に古東京湾の荒波が削った浸食崖で、JR線が走る高台の麓や平地の市街地は太古に海底だった所である。

　戦中まで赤羽は「軍都」と呼ばれ、赤羽駅の大宮寄り貨物駅から軍用線が西口の台地上に延びていた。そこには工兵第一大隊、近衛工兵隊が置かれ、練兵場の他、赤羽火薬庫、板橋兵器庫、稲付射場があり、駅近くには陸軍被服廠があった。戦後はこれらの跡地が23区内最大規模の赤羽台団地（建て替えでヌーヴェル赤羽台）、桐ヶ丘団地、桐ヶ丘中央公園、西が丘サッカー場と変わり、北端部は星美学園小・中・高・短大となっている。

　東口は北区最大の繁華街で、赤羽一番街、赤羽スズラン通りのほか商店街、飲食店街、歓楽街が密集している。

　西口は小規模な商店街と駅前の商業施設パルロード1〜3が賑わっている。

　乗り換え客が多いだけに駅の改装以後、駅ナカの飲食店やエキュート赤羽が充実し、改札外高架下のショッピングセンター・アルカード赤羽も盛業中だ。

京浜東北線 ▶ 赤羽

川口〜赤羽の荒川橋梁を走るクロハ16形800番代他の8連。京浜東北線だけでなく、東北本線、高崎線の客車列車、電車、貨物列車も川を渡っていた。◎昭和31年10月14日 撮影：荻原二郎

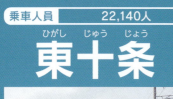

乗車人員　22,140人

東十条
ひがし　じゅう　じょう

道路橋の上にある東十条駅南口。

所在地	東京都北区東十条三丁目
開業年	昭和6年（1931）8月1日
ホーム	島式2面3線
キロ程	11.4km（東京起点）、大宮から18.9km
隣の駅	◀赤羽（4.8km）　（1.5km）王子▶
接続JR線	なし
接続民鉄線	なし

駅東側に下十条電車区の線路が並んでいる。東北本線旅客線・貨物線と京浜東北線の3複線で上野方向へ進む。王子から伸びてきた単線は須賀貨物線と十条製紙専用線。

京浜東北線の電車を仕立ててきた駅

　昭和6年（1931）8月1日、京浜線の上野─赤羽間延長開通と同日に下十条駅として開業した。翌昭和7年（1932）9月1日に隣接して下十条電車区が開設された。電車に記された同区の略号は「東シセ」、旧仮名遣いの「シモジフゼウ」に拠っている由だが、正しい旧仮名の表記は「シモジフデウ」である。これでは略号にならなかったので？旧仮名に手を加えたのだろう。戦後はシセを「モセ」と改めたが、車両無配置となった現在はもう見られない。駅名のほうは町名変更により昭和32年（1957）4月1日に「東十条駅」と改めている。

　電車区は昭和61年（1986）3月に運転士のみの配置、車両は留置のみと変わり、「下十条運転区」となって現在に至る。ホームは2面3線で①が南行、②が当駅始発南行、③が降車専用、④が北行となっている。始発電車は朝のみ9本で、②と③は閑散としている。

　駅は武蔵野台地の崖下に並ぶ東北本線の列車線と貨物線の東側で並行しており、崖上から平地に下る道路跨線橋に面して南口駅舎がある。北口は駅構内の跨線橋上にある。

　駅前広場がなく、崖上も平地も住宅密集地になっており、商店の数も少ない。余談ながら、赤羽から上野に続く武蔵野台地上の景観や崖上の土地利用の様子は、崖下すれすれに走る東北本線や京浜東北線の車窓からは望めない。が、一歩下がって高めの高架線で並行する東北新幹線の車窓からは、程よい高さで台地の上の眺めが味わえる。住宅の密集地ながら古刹や学校が多く、古き良き時代の東京の姿をパノラマ風に見ることができる。

京浜東北線 ▶ 東十条

東十条駅北口跨線橋。下の下十条電車区に山手線の101系が来ている。◎昭和40年12月5日　撮影:荻原二郎

東十条駅南口。橋上駅である。◎昭和40年12月5日　撮影:荻原二郎

東十条駅北口への跨線橋と東十条商店街。◎昭和40年12月5日　撮影:荻原二郎

東十条駅は本数は減ったが始発、終着電車がある。左が始発電車用の中線ホーム。

下十条電車区の俯瞰。山手線の101系、103系の預かり(外泊)もあった。右奥は東十条駅南口。
◎昭和40年12月5日　撮影:荻原二郎

| 乗車人員 | 61,067人 |

王子（おうじ）

王子駅前から飛鳥山に向かう都電7000形。

所在地	東京都北区王子一丁目
開業年	明治16年(1883)7月28日
ホーム	島式1面2線
キロ程	9.9km（東京起点）、大宮から20.4km
隣の駅	◀東十条(1.5km)　(1.1km)上中里▶
接続JR線	なし
接続民鉄線	東京メトロ南北線、東京都電荒川線

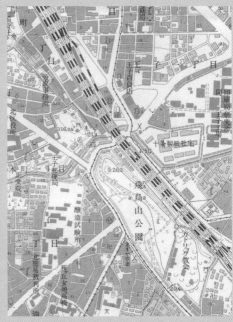

駅の左下(南西側)の飛鳥山公園と、駅反対側の印刷局研究所が目立つほかは主に住宅密集地。都電の全盛期で、王子から赤羽、早稲田、本郷方面(右下)に分かれていた。

都電を見下ろし、文化の薫る飛鳥山を仰ぐ駅

　東十条を出ると、崖下側から東北本線の貨物線（湘南新宿ラインも通る）、同列車線、京浜東北線の順に並んで走る。

　王子駅が近づいた頃、新幹線の高架下から京浜東北線に寄り添ってくるのが北王子線の廃線跡。同線は昭和2年(1927)12月に王子―須賀間2.5km、王子―下十条(後の北王子)間1.2kmで開業した貨物線で、田端操車場(現・田端信号場駅)まで単線で並行していた。昭和6年(1931)に須賀線が電化、昭和46年(1971)3月に須賀線が廃止、国鉄最小のEB10形電機も職を失った。北王子線は生き延びたが、平成26年(2014)7月1日に廃止となった。その廃線跡なのである。

　王子駅は土盛り高架上にあり、駅の東側高架下には都電荒川線の王子駅前停留場があって、利用客で賑わっている。都電は国道122号線に出てJR線のガードをくぐり、併用軌道で飛鳥山に向かう。飛鳥山はJR王子駅の西側にあって、江戸時代からの桜の名所。花見シーズンには喧嘩が名物といわれた時代もあったが、現在は静かな飛鳥山公園となっている。園内には紙の博

王子駅南口。上は京浜東北線ホーム。
◎昭和40年12月5日　撮影：荻原二郎

京浜東北線 ▶ 王子

物館、北区飛鳥山博物館、渋沢史料館もある北区の文化の中心地である。

　北口は北区の文化施設「北トピア」の他は商業ビルや雑居ビル、ホテルなどが多い。駅前バスターミナルと国道122号線(北本通り)の下には東京メトロ南北線の王子駅がある。東へ進むと塀に囲まれた国立印刷局王子工場の建物群にたどり着く。ここは郵便切手と証券類の印刷を行っている。

王子駅北口。都電の線路は右が赤羽方面、左が王子停留場方面。◎昭和40年12月5日　撮影：荻原二郎

王子駅ホームの情景。島式のホームはかなり狭い。左奥の樹木は飛鳥山公園。

右から東北新幹線、京浜東北線、東北本線。都電は新幹線高架の右奥にある

| 乗車人員 | 7,094人 |

上中里
(かみなかざと)

現在の上中里駅駅舎。

所在地	東京都北区上中里一丁目
開業年	昭和8年（1933）7月28日
ホーム	島式1面2線
キロ程	8.8km（東京起点）、大宮から21.5km
隣の駅	◀王子(1.1km)　(1.7km)田端▶
接続JR線	なし
接続民鉄線	なし

赤羽から続いて線路の南は高台。線路を含めて北は低地が続いている。当駅は崖と線路群に挟まれて目立たない。右上の線路群は東北本線の尾久客車区。

京浜東北線では最も閑静な小駅

上中里駅駅舎。上野―田端間各駅の高台側駅舎に共通する瀟洒な造り。◎昭和41年1月17日　撮影：荻原二郎

京浜東北線 ▶ 上中里

上中里駅ホーム。狭い島式ホーム1本の簡素な構造だ。左上は新幹線、右上は上野の台地。

　王子駅を出て尾久を経由する東北本線と別れ、新幹線、東北本線貨物線（湘南新宿ラインが通る）と共に、飛鳥山から続く崖の中腹の遊歩道「飛鳥の小径(こみち)」と並行してゆるい勾配を下ると、橋上駅の上中里駅に着く。右側の武蔵野台地の崖と左側平地の新幹線検修庫との間に駅とホームがある。

　改札を出て南側の高台へ向かう蝉坂(せみざか)（攻坂とも）を上ると右手に平塚神社があり、その西に国立印刷局滝野川工場、滝野川警察署などがある。蝉坂が合流する本郷通りの下には東京メトロ南北線が通っており、同線の西ケ原駅がある。

　北側の平地の方は東北新幹線と東北本線の尾久車両センターが広い面積を占め、その間に密集住宅が広がっている。南北ともに大きな商店街はなく、数軒のスーパーがある程度。上中里駅は成熟した住宅地にあるため、京浜東北線・根岸線の中では最も乗降客の少ない駅で、早くから業務委託駅になっていた。南北線の西ケ原駅も東京メトロ130駅中の最下位で、平成25（2013）年度の1日平均乗降人員は7,005人であった。

駅舎と背後の新幹線。上中里駅ホームは上野台地の高台と新幹線の間の狭い場所にある。

上中里駅駅舎。通路を通って橋上駅に出てホームに降りる構造である。

| 乗車人員 | 45,116人 |

田端（たばた）

車両基地と高台に囲まれた田端駅の本屋。

所在地	東京都北区田端一丁目
開業年	明治29年（1896）4月1日
ホーム	島式2面4線
キロ程	7.1km（東京起点）、大宮から23.2km
隣の駅	◀上中里(1.7km)　(0.8km)西日暮里▶
接続JR線	山手線
接続民鉄線	なし

左の多数の線路が右から山手・京浜東北・東北本線の田端操車場など。右に分かれているのが東北本線の旅客線で、線路が多数に分岐している所に尾久客車区と尾久駅がある。

山手線との分岐駅、東北本線の車両基地が広がる駅

　上中里から田端にかけては目まぐるしく線路が変化する。上中里駅から平地側に姿を見せていた新幹線東京車両センターには、多数の新幹線列車が並んでいる。そのあたりから田端運転所の田端信号場駅（旧操車場）の光景が広がる。田端運転所の尾久車両センターは尾久支線のほうにあるので京浜東北線からは見えないが、そちらへ分岐する線路を通る東北本線（宇都宮線）・高崎線の列車は見える。

　右手の崖下側では、ずっと並行してきた東北本線の貨物線から分岐した複線が京浜東北線の下をくぐってトンネルに入っていく。この分岐線はここから山手貨物線となって新宿方面に向かう線で、湘南新宿ラインの電車はこの貨物線を通って新宿方面へ向かっている。

　やがて山手線が高台の中腹から現れて、京浜東北線と方向別複々線になって田端駅にすべり込む。ここから田町駅までは京浜東北線と山手線は並行して進むため、平日・休日ともに10時30分から15時30分頃にかけて、京浜東北線はこの区間が快速運転となり、区間内の停車駅は上野・

昭和8年の京浜線赤羽延長時に建設のモダンな上屋、架線用の鉄骨アーチが現役で残っている。

京浜東北線 ▶ 田端

今も瀟洒な姿を残す田端駅の南口駅舎。上野台地の縁すれすれに建っている。

田端駅の俯瞰。多数の線路の向こうに新幹線の高架と東京スカイツリーが望める。

秋葉原・東京・浜松町のみとなる。京浜東北線と山手線は、田端―田町間ならどの駅でも同一ホームで同一方向への乗り換えが可能である。

この方向別複々線区間は山手・京浜東北線の分離計画に拠ったもので、昭和31年（1956）11月19日に実現したもの。田端―上野間は用地に苦心して武蔵野台地（上野の山）の法面を削って複線を増設した。

田端駅は高台側が古くからの住宅地で、かつては芥川龍之介をはじめ室生犀星、菊池寛、萩原朔太郎、堀辰雄など文士の居住が多かった。平地側は町工場と住宅地で、商業施設は北口駅前商店街の他は少なく、田端銀座は「田端」の名は付いていても山手線駒込駅近くにあり、当駅からは遠い。北口は橋上駅で、多数の線路を越える田端大橋が台地側と平地側を結んでいたが、昭和62年（1987）に新田端大橋に架け替えられ、旧大橋は人道橋の「ふれあい橋」として美しく改修された。

田端駅の旧駅舎。手前の田端大橋に面している。◎昭和35年7月6日　撮影：荻原二郎

| 乗車人員 | 97,268人 |

西日暮里
にしにっぽり

下町の市街地の中に盛土で築かれた西日暮里駅。

所在地	東京都荒川区西日暮里五丁目
開業年	昭和46年（1971）4月20日
ホーム	島式2面4線
キロ程	6.3km（東京起点）、大宮から24.0km
隣の駅	◀田端（0.8km）　（0.5km）日暮里▶
接続JR線	山手線
接続民鉄線	東京メトロ千代田線、東京都交通局日暮里・舎人ライナー

田端で並んだ新幹線、東北本線、山手・京浜東北線と斜めに横切る道灌山通りが交差する地点に西日暮里駅がある。右下の分岐線は下が常磐線、上が京成電鉄。田端から分岐してきた線は貨物線で、次の三河島で常磐線に合流する。

地下鉄と連絡するために生まれた駅

　田端からは山手線を京浜東北線が抱き込む形の方向別複々線となって、新幹線と並行して進む。尾久支線を経由していた東北本線（宇都宮線）が複々線となって合流してきたところで西日暮里駅に着く。

　JRの西日暮里駅は、昭和44年（1969）12月20日に開業していた営団地下鉄（現・東京メトロ）千代田線の西日暮里駅との連絡駅として昭和46年（1971）4月20日に開業したもの。千代田線は常磐線と小田急線との相互直通運転を行っていて、当駅での乗り換え客が多い。

　当駅は平成20年（2008）3月30日に開業した都営の新交通システム「日暮里・舎人ライナー」の乗り換え駅にもなった。同線は日暮里が起点だが、1つ目の西日暮里も連絡駅となっている。

　西日暮里駅は山手線のホームドア優先設置計画により、平成26年（2014）6月28日から使用が開始されたが、京浜東北線は当分計画がないので未設置。快速通過駅だけに充分にご注意を。

　駅周辺は平地側が密集住宅地だったが商業地区に変身し、飲食店、居酒屋、風俗営業店が並んでいる。

西日暮里駅は勾配を上った地点にある。ホーム脇の29‰の標識。

京浜東北線 ▶ 西日暮里

左上：西日暮里駅ホームから見下ろした道灌山通り。
右上：西日暮里駅付近には京浜東北・山手線ともに29‰の勾配がある。道灌山通りを乗り越えるために生じたものだ。
左：地下鉄千代田線乗り換えのための長いエスカレーター。地下鉄との通し乗車は切符が複雑になるため、注意書きが多く見られる。

西日暮里駅西側。京浜東北線103系混色編成。過渡期に多く見られた。◎昭和46年7月15日　撮影：荻原二郎

乗車人員 102,817人
日暮里
にっぽり

太田道灌の像がある日暮里駅北口。

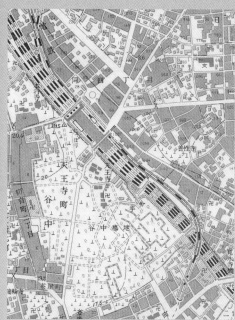

所在地	東京都荒川区西日暮里二丁目
開業年	明治38年(1905)4月1日
ホーム	島式3面6線
キロ程	5.8km（東京起点）、大宮から24.5km
隣の駅	◀西日暮里(0.5km)　(1.1km)鶯谷▶
接続JR線	常磐線・山手線
接続民鉄線	京成電鉄本線、東京都交通局日暮里・舎人ライナー

線路の南西側は高台で谷中の墓地霊園が広がっている。崖下に線路が並び、日暮里駅がある。右上の分岐線は常磐線と京成電鉄、左下の分岐線は上野に向かう京成電鉄本線。

常磐線、京成電鉄線のりかえで賑わう駅

　西日暮里を発車すると、新幹線が次第に地下トンネル入り口に向かって降り始め、東側に京成電鉄線と常磐線が近づいてきたところで日暮里駅に着く（京浜東北線は日中快速運転のため当駅は通過）。

　日暮里駅は多数のホームが並ぶ光景で知られていたが、現在は京成電鉄と通し番号で、⓪京成電鉄上り（地平）、①京成電鉄スカイライナー成田空港方面、②京成電鉄一般列車下り（共に3階）となっている。

　これに続けてJR線の、③常磐線快速上り、④常磐線快速下り、⑨京浜東北線南行、⑩山手線外回り、⑪山手線内回り、⑫京浜東北線北行、が並ぶ。

　⑤〜⑧番線は複々線の東北本線の線路だけでホームは無く、欠番となっている。戦前には東北本線のホームが2本あり、一部の列車が停車していたが、戦後は通過となって屋根なしのホームだけを残していた。

　京成電鉄線との乗換え改札口は東口の橋上駅コンコースにある。都営の新交通システム「日暮里・舎人ライナー」の駅は東口駅前にあって、当駅とはコンコースから続く2階通路で連絡している。

　日暮里駅の西口は高台（上野の山）にあり、広大な都営谷中霊園（谷中墓地）が目の前に迫る。駅前からそのまま道を南にたどると、すぐにシンボルの「夕やけだんだん」に着く。その石段を下りると谷中銀座の商店街が千駄木方面まで続いていて、戦災に遭わなかった古い町並みが郷愁をそそる。いわゆる「谷根千」（谷中・根津・千駄木）の一つで、外国人観光客の姿も目立つよ

上野方から見た日暮里駅。左が山手・京浜東北線、右が常磐線。中の2本のホームは東北本線用で、新幹線工事で姿を消した
◎昭和49年9月28日　撮影：岩掘春夫

日暮里駅駅舎。台地側にあり、すぐ下は線路である。◎昭和49年9月28日　撮影：岩掘春夫

新旧が混在する日暮里駅西側の風景。奥の高架は京成電鉄、その下をくぐるのは常磐線。ここが分岐点である。

うになった。

　東口には駅ナカの店舗群「エキュート」があり、外へ出ると商業ビルが密集している。太田道灌の銅像が建つ東口駅前から、日暮里中央通りに1kmにわたって続く日暮里繊維街（生地織物街）をはじめ、商栄会商店街、あやめ通り、七五三通りなどを巡っていくと、ビルだけでなく昔からの商店も多く見られて、昭和時代の庶民的な街の良さが味わえる。

ホームの上屋と架線を支えてきた鉄柱。ホームの改修が進み、9・10番線ホーム側は不要となって線路上で切断されている。

日暮里駅から田端方向を見る。東北新幹線は日暮里駅構内で地下線に入る。少しもぐり始めた箇所だ。

新装成った日暮里駅北口。JR線、京成電鉄、日暮里・舎人ライナー相互の乗り換えがスムーズになった。

日暮里駅北改札口の風景。商用客と観光客が多い。

日暮里駅を通過中の京浜東北線北行の快速(左)と当駅に停車する山手線内回り電車(右)。

上野方から日暮里駅周辺を見下ろす。JR線を越える単線の高架は京成電鉄の下り線で、3階にスカイライナーの専用ホームと一般ホームがある。上り線のホームは地平にある。

日暮里駅南側の電車の並ぶ風景。右から京浜東北・山手、東北本線・高崎線、常磐線、その奥に京成電鉄本線。
◎所蔵:フォト・パブリッシング

日暮里駅全景。左の高架ホームが京成電鉄線。JR線を越える跨線橋上に南改札口がある。奥にスカイツリーが見える。

鶯谷 うぐいすだに

乗車人員 24,481人

鶯谷駅北口。

所在地	東京都台東区根岸一丁目
開業年	明治45年（1912）7月11日
ホーム	島式2面4線
キロ程	4.7km（東京起点）・大宮から25.6km
隣の駅	◀日暮里(1.1km)　(1.1km)上野▶
接続ＪＲ線	山手線
接続民鉄線	なし

多数の線路の西南側は上野台地上で、寛永寺霊園国立博物館がある。線路の北東部は台東区根岸の一帯で、商店、民家の密集地が広がっている。鶯谷駅前には広場がない。

上野のお山と繁華な下町に挟まれた静かな駅

　日暮里駅からは右に上野の山の崖、左に京成線と別れた後の東北本線、常磐線の計6複線（京浜東北・山手線の複々線を加えれば計10複線）とともに上野方向に向かう。やがて言問通りの陸橋をアンダークロスすると鶯谷駅に到着する。2面4線、日中は快速運転のため京浜東北線は通過する。山手線ホームのみホームドアが設置済みだ。

　上野寄りの南口は橋上駅舎で、寛永寺、徳川家霊廟、東京国立博物館、国立科学博物館、東京文化財研究所、東京芸術大学など上野の文化の中心地に近く、上野桜木、谷中の住宅地には明治から昭和初期にかけての香りがただよう。南口の駅舎も昭和2年（1927）の建造で、上野の山にふさわしい和風モダニズムの名建築である。

　平地の北口はホームから地下道で向かう。瀟洒な駅舎だが、駅前の派手なネオンや看板が目につく。一見歓楽街、風俗街の様相だが、この一帯にそのような街区はなく、繊維問屋のほか飲食店、居酒屋、ホテルがある程度。マンションが増えており、街の姿は変わりつつある。

鶯谷駅南口は半ば橋上駅のスタイル。山手・京浜東北分離による線増でこの姿になった。

京浜東北線 ▶ 鶯谷

上左：鶯谷の由来を述べた額もある。
上中：南口本屋からホームまでの通路には味のある掲示物が多い。芸術の森の上野にふさわしい駅だ。
上右：鶯谷駅ホームに見る芸術的古レールの逸品。構成美、形式美、機械的な美とでも言えようか。
下左：人気のある鶯谷駅の南口駅舎。下の写真と比べても原型を保ち続けている。
下右：鶯谷駅付近では山手・京浜東北のほか東北本線、常磐線の多数の線路が並ぶ。奥の列車は常磐線のE231系快速。山手線のホームドア設置でこの情景は見られなくなった。

鶯谷駅南口駅舎。瀟洒で味わいのある駅舎。現在も変わっていない。◎昭和38年5月1日　撮影：荻原二郎

| 乗車人員 | 181,880人 |

上野
うえの

昭和7年に完成した上野駅東口ビル。

所在地	東京都台東区上野七丁目
開業年	明治16年（1883）7月28日
ホーム	新幹線地下駅：島式2面4線
	在来線高架駅：島式6面12線
	在来線地上駅：頭端式（櫛形）3面5線
キロ程	3.6km（東京起点）、大宮から26.7km
隣の駅	◀鶯谷（1.1km）　（0.6km）御徒町▶
接続JR線	東北・山形・秋田・上越・北陸（長野）新幹線、東北本線（宇都宮線）、高崎線、常磐線、山手線
接続民鉄線	東京メトロ銀座線、東京メトロ日比谷線、京成電鉄本線（徒歩乗換え）

線路の西側は高台の上野公園で、博物館、美術館が並んでいる。上野駅東側の線路が断たれている部分が地平ホーム、御徒町方向に伸びているのが山手・京浜東北線。

「北の玄関口」から北関東・東北南部の通勤電車の駅へ

　明治16年（1883）7月28日の開業以来、上野駅は東北、信越、北陸方面の「北の玄関口」としての役割を担ってきた。が、東北・上越新幹線が昭和60年（1985）3月14日に上野駅まで開業したのも束の間、平成3年（1991）6月20日に東京駅まで延伸してからは、次第にターミナルの雰囲気が薄れていった。

　現在は上野発着の寝台特急は「北斗星」「カシオペア」と不定期の「あけぼの」だけとなり、北関東、東北南部に向かう特急を除くと、東北本線（宇都宮線）、高崎線、常磐線の中距離電車が主体で、通勤客の利用が増えている。

　現在の上野駅のホーム使用法は、

高架ホーム ①京浜東北線北行（赤羽・浦和・大宮方面）、②山手線内回り（田端・池袋・新宿方面）、③山手線外回り（東京・品川・渋谷方面）、④京浜東北線南行（東京・品川・横浜・大船方面）、⑤〜⑧宇都宮線、高崎線、上越線（大宮・宇都宮、高崎・前橋方面）、⑨⑩常磐線（土浦・水戸・高萩方面）、⑪⑫常磐線快速、成田線（松戸・取手、成田方面）

地平ホーム ⑬〜⑮宇都宮線・高崎線・上越線（大宮・宇都宮、黒磯、高崎、前橋方面）、▶高崎線特急「草津」「あかぎ」▶寝台特急「北斗星」「カシオペア」「あけぼの」、⑯〜⑰常磐線特急「スーパーひたち」「フレッシュひたち」

地下新幹線ホーム ⑲⑳東北・山形・秋田新幹線（仙台、盛岡、新青森、山形、新庄、秋田方面）、上越・北陸新幹線（高崎、新潟、長野方面＝2015年3月から長野経由金沢方面）、㉑㉒東京行き

　列車減によってすでに地平の⑱番線が消えて

京浜東北線 ▶ 上野

左上：上野駅公園口の旧本屋。薄汚れていたが、動物園、博物館、美術館などへの近道で、常に混み合っていた。◎昭和38年4月15日　撮影：荻原二郎

左下：上野駅1番線の京浜東北線電車とヨドバシカメラ（旧京成聚楽ビル）。ビルの左下はアメヤ横丁の入り口。

右上：都電が走っていた頃の上野駅広小路口前の中央通り。奥が上野公園。◎昭和47年3月　撮影：安田就視

おり、地平ホームはかなり寂しい眺めとなった。駅ナカの飲食店街も、旅行者より中・長距離通勤客の姿が多くなっている。「上野東京ライン」開通後はまた大きな変化が見られるはずだ。上野から都心に向かう通勤客で混雑度が高い京浜東北・山手線も、「ライン」開業後の混雑緩和が期待されている。

上野駅は東京メトロ銀座線、日比谷線への乗り換え客も多い。地下道で結ばれた京成上野駅への乗り換え客は、やや遠いためか少なく、同線への乗り換えは日暮里駅のほうが主流となっている。

上野駅には5つの出口があり、それぞれが異なった街の顔を見せている。

広小路口：アメヤ横丁、上野公園下の繁華街、飲食街。

浅草口・東上野口：昭和通り、浅草通り方面。正面に東京地下鉄本社ビルがある。

入谷口：商業地区ではなく、岩倉高校のほか専門学校など。東上野一帯は寺院、オフィスビル、町工場、住宅が渾然としている。

公園口：上野恩賜公園、上野動物園、国立西洋美術館、東京国立博物館、国立科学博物館、東京都美術館、東京文化会館、上野の森美術館など、上野の文化施設。

不忍口：アメヤ横丁、ヨドバシカメラマルチメディア上野、京成上野駅、西郷隆盛像とその階下の商業施設。

上野駅は広大な面積を占めているため、駅の東側正面と西側（上野の山方面）を往来するには中央通りを利用するなど時間を要したが、平成12年（2000）年に駅ホームの上をひと跨ぎする幅の広い「パンダ橋」が開通して、気軽に往来できるようになった。橋上からは上野の街が展望できる。

上野駅正面。建物は変わらないが、都電は末期の姿。頭上には高速道路が開通して駅前の機能は失われつつあった。
◎昭和47年11月　撮影：小川峯生

京浜東北線北行が使用する上野駅1番線ホーム。左の高台は上野公園。

上野動物園の人気者・パンダが上野駅のアイドルとして定着した観がある。

京浜東北線 ▶ 上野

地平ホームに集合した中学生の団体。季節がら合宿旅行への旅立ちのようだ。立像は「三相の像」。

最も上野駅らしい雰囲気を残す中央改札口の景観。壁画は故・猪熊弦一郎画伯の作。

地平ホームにある石川啄木の歌リレーフ。歌に詠まれた北の玄関駅の風情はかなり薄らいでいる。

上野名物・西郷隆盛像から上野の街を見下ろす。ビルの高層化が進んで見通しはわるい。

上野駅で最も込み合う不忍口改札。アメヤ横丁をはじめ、商店街への買い物客、地下鉄乗り換え客で賑わう。

上野駅の2階。レストランフロアが主体だが、通路で絵画展も開かれる。

| 乗車人員 | 67,593人 |

御徒町
おかちまち

春日通りに面した北口駅前。

所在地	東京都台東区上野五丁目
開業年	大正14年（1925）11月1日
ホーム	島式2面4線
キロ程	3.0km（東京起点）、大宮から27.3km
隣の駅	◀上野（0.6km）　（1.0km）秋葉原▶
接続JR線	山手線
接続民鉄線	都営大江戸線、東京メトロ銀座線（徒歩乗換え）・日比谷線（同）

左上が不忍池。左右に横断している春日通りに面して御徒町駅がある。ここをはじめ、都電の線路が縦横に通っている。右側縦の昭和通りにも都電が走っていた。

「アメ横」を筆頭に密集商店街に囲まれた駅

　上野駅を発車すると東京のメインストリート「中央通り」を越えて、新橋まで続く高架線を走り始める。東京駅以北の東北本線側の高架線は大正14年（1925）11月に神田―上野間が完成したもので、現在、秋葉原までは7線区間となっている。1本は元の貨物線で、今は常磐線電車の留置線である。

　右手下には食料品、衣類、雑貨の「アメヤ横丁」が並行している。終戦直後のヤミ市で飴を売る店が多かったのと、米軍の放出物資を売ったことからこの名が付いた。その情景が一番よく見下ろせるのは高架線の端を走る京浜東北線の北行電車で、昔から映画やTVでは高架上の縁を行く京浜東北線の電車がおなじみになっている。高架下にも衣類、装飾品、ゴルフ、スポーツ用品などの店舗が入っていて、狭い通路には人があふれている。

　電車はアメ横の他に飲食店、居酒屋、カフェや商業ビルも目立つ下町の盛り場を見下ろしながら少し進むと、春日通りをクロスして御徒町駅に着く。ホームは2面4線だが、昭和31年（1956）の京浜東北・山手線の分離前は1面2線だった。線増工事は海側（南行の電車では進行方向左側）で行われたので、御徒町駅の①②番線（京浜東北線南行・山手線外回り）がその時の新設ホーム、③④番線（山手線内回り・京浜東北線北行）は当駅開業以来のホームなので柱や上屋の鉄骨構造がかなり違う。

　平成26年（2014）5月10日から山手線のみホームドアが稼働を始めたが、京浜東北線は未設。当駅は京浜東北線の快速通過駅なので、通過電車にはくれぐれもご注意を。

京浜東北線 ▶ 御徒町

日中の御徒町駅、京浜東北線北行のホームと大宮行き。京浜東北線は快速電車運転中で当駅は通過する。

アメヤ横丁南端部から御徒町駅北口と秋葉原方向を見る。春日通りを隔てて御徒町駅前通りが続く。

奥は御徒町駅前通り商店街。アメ横に劣らず賑わいを見せている。御徒町のイメージそのものの風景が広がる。

アメ横以外にも専門店が多く、町をめぐって歩く人で終日にぎわう。

中央通りと広小路で交差する春日通りの都電。右は松坂屋、奥が御徒町駅。
◎昭和46年8月6日 撮影:荻原二郎

| 乗車人員 | 240,327人 |

秋葉原
(あきはばら)

現在の電気街口。

所在地	東京都千代田区外神田一丁目
開業年	明治23年（1890）11月1日
ホーム	島式2面4線（京浜東北線・山手線） 相対式2面2線（総武線）
キロ程	2.0km（東京起点）、大宮から28.3km
隣の駅	◀御徒町(1.0km)　(0.7km)神田▶
接続JR線	山手線、総武線（各駅停車）
接続民鉄線	東京メトロ日比谷線、 つくばエクスプレス（首都圏新都市鉄道）

線路は左右に横断しているのが総武線、縦断しているのが山手・京浜東北線で、多数の線路は秋葉原貨物駅。左から神田川沿いに合流してくるのが中央線である。

電気街から「世界のアキバ」に変身した都会派の駅

　御徒町駅から秋葉原駅の間は下町商業地区のビルの間を進む。京浜東北・山手線と並行していた3本の線路は高架上で広がって、その奥の方には常磐線の電車が休んでいる。

　元はこの高架上に秋葉原貨物駅があった所で、田端方面からここまで蒸機が貨車を牽いてくる光景が昭和30年代初めまで続いていた。現在は上野東京ラインと常磐線用の留置線を残して高架は解体され、駅前の広場やビルに変わっている。

　秋葉原の読み方は、火除けの神様・秋葉神社からきたもので、江戸っ子は秋葉神社の火除け地（空き地の原っぱ）を「あきばがはら」「あきばっぱら」などと呼んでいた。明治以降、地方から上京する人が増えて、正しい読みができず「あきはがはら→あきはばら」となった。

　日本鉄道の上野駅と官鉄の新橋駅を結ぶ案は当初からあったが、まずは明治23年（1890）に上野駅から神田川の水運も利用できる秋葉原まで、地平に単線の貨物線が開通して秋葉原貨物取扱所が開設された。

　大正14年（1925）11月1日に貨物線を地上に残したまま東京―上野間の高架線が完成した（当初は旅客線2線、貨物線1線）。山手線の環状運転と京浜線の上野延長が行われ、中間に御徒町駅が開業している。昭和3～7年（1928～1932）に高架上の秋葉原貨物駅が完成して、地平に残っていた貨物線も廃止された。

　昭和7年（1932）7月1日に秋葉原駅を乗り越える2層高架で総武線の御茶ノ水―両国間が開通した。東京市内では最も高い所にある駅として有名になる。

京浜東北線 ▶ 秋葉原

山手線、京浜東北線のホームは大正14年の建設だけに、上屋の鉄骨とアングルなどにその時代のモダンなデザインを残している。

　駅および周辺市街地には、戦前から少数の電気、組立てラジオ部品を扱う店があったが、昭和20年（1945）3月10日の東京大空襲で駅も街も焼失した。戦後はすぐに駅前に電気部品やラジオ部品を売る電気商が集まり始め、やがてラジオ、テレビ、扇風機、洗濯機の販売、さらにワープロ、パソコン、携帯電話など、情報家電の販売に発展していく。店舗も次第に高層のビル群に変わっていった。

　現在ではポップカルチャーの情報発信地として世界各国から訪れるマニアやオタクが増えている。「世界のアキバ」の動きは止まるところを知らない。

　京浜東北線快速の停車駅。元来はアキバのためではなく、総武線の乗り換え駅ということで快速停車となったものだ。

上階の総武線ホームには中央総武緩行線の黄色い101系が頻発運転していた。◎昭和40年5月30日　撮影：上原庸行

山手線、京浜東北線ホームの上に総武線のホームが交差しているため、乗り換え階段は複雑な見付けになっている。

かつての電気街口の姿。高架上は総武線、高架下は秋葉原デパートだった。◎昭和36年12月29日　提供：毎日新聞社

秋葉原駅東口。昭和通りには都電、頭上には総武線のガード。◎昭和35年12月　撮影：小川峯生

新しいアキバの顔。JRの駅と富士ソフトビルの組み合わせ。アニメ、マンガ、ゲーム、コスプレ、メイド喫茶などは手前側にある。

京浜東北線 ▶ 秋葉原

秋葉原駅に進入する南行電車。右側2線は平成27年3月開通予定の上野東京ライン。◎平成26年11月　撮影：木村嘉男

現在の秋葉原駅前風景。地下はつくばエクスプレス秋葉原駅。高層のビルは富士ソフトビル。

山手線、京浜東北線のホームは大正14年の完成だけに、上屋の鉄骨とアングルなどに当時のモダンなデザインを残している。

| 乗車人員 | 97,589人 |

神田（かんだ）

高架駅の周辺には飲食店、居酒屋などが密集。

所在地	東京都千代田区鍛冶町二丁目
開業年	大正8年（1919）3月1日
ホーム	島式3面6線
キロ程	1.3km（東京起点）、大宮から29.0km
隣の駅	◀秋葉原（0.7km）　（1.3km）東京▶
接続JR線	中央線、山手線
接続民鉄線	東京メトロ銀座線

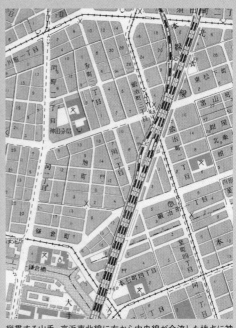

縦貫する山手・京浜東北線に左から中央線が合流した地点に神田駅がある。江戸時代以来の碁盤目の神田の街の区画と、鉄道路線の筋が合っていない不便も生じている。

南の新橋と並ぶ庶民的サラリーマン天国

　秋葉原駅の東側の地下線から顔を出した東北新幹線、その上に高架を重ねる上野東京ラインと京浜東北・山手線が並んで神田、東京へと向かう。かつて東京駅と上野駅を結んでいた複線の東海道・東北連絡線は、新幹線に用地を譲って神田―秋葉原間が分断されていたが、混雑緩和のため新幹線の上に高架線を建設し、上野東京ラインの名で復活することになった。平成27年（2015）3月に開業し、東海道・東北（宇都宮）・高崎・常磐の各線中距離電車が相互直通運転を開始することになっている。

　やがて右から中央線の複線が寄ってくると神田駅に着く。京浜東北線の快速運転中はこの駅は通過となるので、当駅では中央線への乗り換えはできない。

　神田駅のホームは3面6線で、①京浜東北線南行、②山手線外回り、③山手線内回り、④京浜東北線北行、

神田駅のクモニ13形。◎昭和34年1月2日　撮影：小川峯生

京浜東北線 ▶ 神田

左上：神田駅でクロスする中央通り(新橋―上野)から見上げた神田駅。手前の新しい高架橋は東北新幹線とその階上の上野東京ラインの2層高架線。騒音防止の囲いがものものしい。
左下：神田駅の頭上を横切る高架線。計8線のガードが並んでいる。
右上：神田駅は1・2番線が大正8年、3・4番線(写真)が大正14年の竣工と古く、屋根を支える鉄柱・鉄骨が古典的機能美を見せている。5・6番線は昭和31年の開設なので、やや味気ない昭和の骨組みだ。

⑤中央線上り、⑥中央線下り、となっている。ホームは大正8年(1919)中央線東京駅乗り入れ時に竣工の⑤⑥が最も古く、③④が大正14年(1925)山手線環状運転開始、京浜線上野延長開始時の竣工、①②が昭和31年(1956)の山手、京浜東北線分離時の竣工で、ホーム上屋の骨組みやデザインにそれぞれの時代の違いがよく表れている。

　神田駅の一帯は大手・中小の企業ビルが多く、駅の周辺にはサラリーマン相手の飲食店、居酒屋、珈琲店、パチンコ店、金券ショップが多い。サラリーマンのメッカ・南の新橋に比べると下町的で、サラリーマン横丁といったところ。一見さんでも気安く充分に愉しめる。

高架下の北側の改札を出ると東にも西にも出られる。手前は日本橋方面。

| 乗車人員 | 415,908人 |

東京
とうきょう

復原された丸の内側の奥に八重洲口のグラントウキョウが見える。

所在地	東京都千代田区丸の内一丁目
開業年	大正3年(1914)12月20日
ホーム	〔JR東日本〕新幹線：高架島式2面4線 〔JR東海〕新幹線：高架島式3面6線 〔JR東〕在来線：高架島式5面10線 〔JR東〕総武線地下：島式2面4線 〔JR東〕京葉線地下：島式2面4線
キロ程	0.0km（東京起点）、大宮から30.3km
隣の駅	◀神田（0.7km）　（0.8km）有楽町▶
接続JR線	東海道・山陽・東北・上越・北陸（長野） 新幹線、東海道本線、山手線、中央本線 総武本線、横須賀線、京葉線 武蔵野線
接続民鉄線	東京メトロ丸ノ内線

左右に横断している都電（呉服橋通り）の左上が大手町、左下の東京駅を含む街区が丸の内。三菱ヶ原から発展したビジネス街だ。東京駅右側は八重洲口。当時は東京機関区、客車検修庫跡地の細長いビルに大丸が入店していた。

赤レンガの東京駅は何でも揃う「駅ナカ」の王様

　大正3年(1914)12月20日に開業した東京駅は平成26年(2014)12月20日で開業100周年を迎えた。その間には関東大震災、日中戦争、太平洋戦争、東京大空襲、東京駅の戦災焼失、敗戦後の混乱と復興、新幹線の開通、高度経済成長、バブルの崩壊などの変動が多かったが、東京駅は成長を続けてきた。

　八重洲側と丸の内側の再開発が進み、高層ビルへの建て替えが進む中で、戦災後の応急復旧のままだった赤煉瓦の東京駅（丸の内側）は老朽化が進み、高層ビルに建て替えか、復原するかで論議されたが、結局復原されることになる。その間の平成15年(2003)4月18日には国の重要文化財に指定されている。

　復原工事は平成19年(2007)5月より開始され、竣工当時の姿に戻すための綿密な工事が

丸の内南口の南の端。中は東京ステーションホテル。

戦災後の仮復旧姿だった丸の内側の赤煉瓦の東京駅が大正3年開業時の姿に復原された。三角屋根は丸屋根に、2階建ては3階建てに戻されている。写真は丸の内南口。

平成25年に竣工した八重洲口のグランルーフ。グラントウキョウ・ノースタワー（写真右奥）とサウスタワーを結ぶ歩道に建設された。

復原成った赤煉瓦の丸の内側駅舎ドーム天井。忠実な再現ながら資材にはFRPが使われて軽量化が図られている。

行われた。煉瓦や瓦なども当時と同じ型のものを一部新製する一方で、地下に耐震装置を設けるなど、新しい技術も採り入れている。

　平成24年（2012）6月10日に1階部分が再開業、同年10月1日に全面再開業となって、赤煉瓦の美しい東京駅がよみがえった。

　日本の鉄道の中心駅である東京駅は、わずか4面8線のホームで開業したが、100年後の現在は以下のとおり。

　在来線重層ホーム　①②中央線（早朝深夜を除き快速）

　在来線ホーム　③京浜東北線北行、④山手線内回り、⑤山手線外回り　⑥京浜東北線南行、⑦〜⑩東海道本線・上野東京ライン（2015年3月から）

　JR東日本新幹線ホーム　⑳〜㉓東北・山形・秋田・上越・北陸（長野）新幹線

　JR東海新幹線ホーム　⑭〜⑲東海道・山陽新幹線

　総武地下ホーム　①〜④横須賀線・総武快速線

　京葉地下ホーム　①〜④京葉線・武蔵野線

　地上から地下まで計14面28線のホームがあり、1日の発着列車は約4,100本、車両数は約47,000両にのぼる。日本一の数字である。

　新幹線をはじめ各線の乗り換え客が多いうえに、駅で買い物をしてから乗車する利用客がもともと多かった。しかし改札外の八重洲口の地下名店街、デパート、八重洲地下街の他には商業施設の乏しい東京駅周辺だったため、次第に駅ナカの店舗が増えて改札内で相当な買い物ができるようになった。100種類を超える駅弁をはじめ、銘菓、食品、食材、衣類、雑貨が買えるほか、飲食店、カフェも充実している。

　復原成った丸の内側は、駅内にステーションホテルのほかギャラリーもあり、文化の香りただよう駅の姿を具現している。丸の内側のオフィス街も再開発で丸ビル、新丸ビル、中央郵便局が新しくなり、商業施設やレストランが開設されて一般市民の訪れも増している。旧国鉄本社ビル、旧日本交通公社ビル、旧東京中央ビルなどを再開発して巨大な複合施設とした「丸の内オアゾ」もレストランから書店までが揃った新しい丸の内の顔として人を集めている。

　八重洲口側は大丸、国際会館、地下名店街、八重洲地下街などを主体に賑わってきたが再開発され、大丸は新しいビルに移動し、グラントウキョウ・ノースタワー、同・サウスタワーが建設されて大きく変貌を遂げた。平成25年（2013）9月には両タワービルの間に布張り風のグランルーフとペデストリアン・デッキが完成して、八重洲口の新たな出発点となった。コンセプトの「東京駅が街になる」の展開で、今後も新たな駅

左：5・6番ホーム（旧3・4番ホーム）に残る開業当時からの装飾付き鋳物の柱。
中：開業時から残るビームを支える飾り。
右：開業時以来の装飾付き架線鉄柱。

東京駅に到着した東京縦貫複々線完成記念祝賀電車のクハ79形920番代。◎昭和31年11月19日　撮影：江本廣一

東京駅で中央線特別快速運転開始の101系祝賀電車（左）と京浜東北線103系（右）が並ぶ。◎昭和42年7月　撮影：吉村光夫

ナカを見せてくれそうだ。
　八重洲側はお硬いオフィスビルがほとんどだが、八重洲口駅前一帯にはサラリーマン向けの飲食店、居酒屋も多く、ちょっぴり気楽な一面も見せている。

東京駅丸の内側の赤煉瓦駅舎と都電。◎昭和42年11月　撮影：小川峯生

| 乗車人員 | 167,365人 |

有楽町（ゆうらくちょう）

高架駅らしい有楽町駅中央口。

所在地	東京都千代田区有楽町二丁目
開業年	明治43年（1910）6月25日
ホーム	島式2面4線
キロ程	0.8km（東京起点）、大宮から31.1km
隣の駅	◀東京（0.8km）　（1.1km）新橋▶
接続JR線	山手線
接続民鉄線	東京メトロ有楽町線・丸ノ内線（徒歩乗換え）・日比谷線（同）

有楽町駅の西南側に日比谷濠と日比谷公園、東宝の映画演劇街の一部が見える。東側は外濠の一部が健在で晴海通りが数寄屋橋、銀座方面に直線で横断している。駅の周辺には朝日、毎日、読売などの新聞社が集まっていた。

東京の中心部 銀座・日比谷への玄関口

　東京駅を発車すると、京浜東北線も山手線も東海道本線の緩行電車となる。海側（進行方向左側）から東海道新幹線、東海道本線、京浜東北線南行、山手線外回り、山手線内回り、京浜東北線北行の計8本の線路が並んで品川方向に向かう。このうち山手・京浜東北線が走る複々線部分は明治42～大正3年（1909～1914）に開通した最も古い高架線で、赤煉瓦のアーチ橋が今も現役で残っている。

　有楽町駅は明治43年（1910）に山手線の電車用に開業した高架駅で、大正3年（1914）に東京駅の完成と京浜線の開業があり、両線の共用駅となって停車する電車が増えた。現在も停車するのは山手・京浜東北の2線だけだが、後者は快速電車運転中は通過している。

　有楽町付近は明治以降の発展が著しく、当駅の出口の多さがそれを物語っている。日比谷口は企業のオフィスビルが並ぶ他に東宝系の映画演劇街、帝国ホテル、日比谷公園があり、霞が関の官庁街も近い。国際フォーラム口は東京国際フォーラム、帝国劇場などに近い。京橋口は東京交通会館、松屋銀座本店など。銀座口は有楽町センタービル（旧日劇、朝日新聞社）、数寄屋橋交差点、三越銀座店、銀座通りなど。中央口は有楽町イトシア、プランタン銀座など。

　昭和30年代までは有楽町から新橋にかけては朝日、毎日、読売、産経、東京などの新聞社が集まっており、有楽町は「新聞街」とも呼ばれていた。現在は築地（朝日）、大手町（読売・産経）、竹橋（毎日）、日比谷（東京）などに各社が分散して「新聞街」は消えている。

京浜東北線 ▶ 有楽町

赤煉瓦の高架橋に残る装飾。

有楽町駅停車中のクハ79形100番代。◎昭和28年9月5日 撮影：鹿島雅美

「有楽町で逢いましょう」の舞台となった場所。左が旧そごう有楽町店だった現・ビックカメラ。高架下に有楽町駅日比谷口が見える。

有楽町駅中央口の上を行く新幹線。都内でも有数の鉄道が美しく見える箇所だ。

有楽町駅ホームのクハ16形800番代青帯車と有楽町そごう（現ビックカメラ）。左のビルは毎日新聞東京本社。◎昭和32年6月18日　撮影：田部井康修

| 乗車人員 | 254,945人 |

新橋
しんばし

新橋駅汐留口の風景。

所在地	東京都港区新橋二丁目
開業年	明治42年(1909)12月16日
ホーム	高架駅：島式3面6線 地下駅：島式1面2線
キロ程	1.9km（東京起点）、大宮から32.2km
隣の駅	◀有楽町(1.1km)　(1.2km)浜松町▶
接続JR線	東海道本線、横須賀線、山手線
接続民鉄線	東京メトロ銀座線、都営浅草線、 ゆりかもめ

初代新橋駅の後身である汐留貨物駅の現役時代の模様がわかる。右奥に伸びる単線は築地市場への専用線で、到着した鮮魚の冷凍車はここから運んでいた。右上に伸びる道が銀座通り。

丸の内、大手町と並ぶオフィス街＋サラリーマン天国

　現在の新橋駅は明治42年(1909)12月に山手線用の烏森駅として開業した電車専用駅である。大正3年(1914)12月20日に東京駅が開業するとⅡ代目の新橋駅と改称され、東海道本線と山手・京浜線が停車する中間駅になった。初代新橋駅は貨物駅に変わり、「汐留駅」と改称されている。

　東京の玄関口の一つとして、Ⅱ代目新橋駅も赤レンガの本屋が建設された。関東大震災で焼失したが、屋根の尖塔を廃して復旧し、昭和45年(1970)まで現役を務めた。

　新橋駅はかなりの本数の東海道本線の優等列車が停車していたが、第二次大戦後は次第に減って、準急と普通列車、横須賀線の全列車、山手・京浜東北線の停車となった。現在は東海道本線の特急を除く全列車と山手・京浜東北線の停車駅で、横須賀線は地下線経由になっている。

　現在のホームは、①②が東海道本線、③〜⑥が山手・京浜東北線、地下の①②が横須賀線となっている。東京メトロ銀座線・都営浅草線・ゆりかもめ東京臨海新交通の新橋駅とも連絡しており、駅の性格は都市交通路線内の中間駅になっている。

　出口は4ヵ所あり、それぞれ性格の異なる街が広がっている。汐留口はいわゆる東口で、駅周辺には企業ビルや商業ビルが並ぶが、汐留貨物駅の再開発により跡地に複合都市「汐留シオサイト」が誕生し、13棟の高層オフィスビルが並んだ。そこにはレストランやホテル、旧新橋駅の復原施設もあり、観光名所にもなっている。

　烏森口は南西口に相当し、駅前にはニュー新橋ビルがそびえているが、狭い通りには飲食店、

京浜東北線 ▶ 新橋

赤煉瓦の高架橋に残る装飾の一つ。

鉄道唱歌の碑とC58425の動輪。烏森口（東側）近くにある。碑のほぼ正面がゆりかもめ新橋駅。

奥のホームは戦前の京浜急行線計画で造られた現東海道線用のホーム。

新橋駅東口。震災、戦災も復旧して生き延びた。◎昭和40年1月4日　撮影：荻原二郎

居酒屋が密集している歓楽街で、サラリーマンの一大オアシス。日比谷口は駅前にC11 292号機が静態保存されており、「SL広場」とも呼ばれている。ニュー新橋ビル、第一ホテル東京、内幸町（うちさいわいちょう）ホール、航空会館、日比谷シティ、日比谷公園などに近い。駅前周辺は飲食店、居酒屋の密集地で、サラリーマンの天国。赤煉瓦の高架上には京浜東北線北行電車の姿が絶えずあって、それをバックに酔眼や千鳥足のサラリーマンに世相や景気についてのインタビューを行うTV局が後を絶たない。サラリーマン諸氏の正論？もここでは堂々としていて実に面白い。

銀座口は北東口にあたり、銀座八丁目に至近なので、中央通りの銀座一〜四丁目方向や、銀座の裏通りなどへ向かうには良い位置にある。

有楽町〜新橋間高架線上の京浜東北線クハ79形900番代全金車ほか。◎昭和33年9月4日　撮影：小川峯生

| 乗車人員 | 155,784人 |

浜松町
はままつちょう

竹芝桟橋にも近い浜松町駅北口。

所在地	東京都港区海岸一丁目
開業年	明治42年（1909）12月16日
ホーム	島式2面4線
キロ程	3.1km（東京起点）、大宮から33.4km
隣の駅	◀新橋（1.2km）　（1.5km）田町▶
接続JR線	山手線
接続民鉄線	東京モノレール羽田線、都営大江戸線

東海道、山手・京浜東北線の東側は北の浜離宮、南の芝浦恩賜庭園の他はほとんどが埋め立て地で、工業地帯。線路の西側は古くからの大小企業のオフィス街だった。

モノレールと再開発で「大駅」に成長した中間駅

　明治42年（1909）12月16日に当駅付近から分岐して品川から烏森（現・新橋）、有楽町、呉服橋方面に向かう高架電車線（当初は支線、山手線電車を運行）の開通に合わせて開設された電車専用駅である。大正3年（1914）12月に東京駅が開業し、高架区間の複々線化も完成して、電車線は京浜線と山手線共用のまま東海道本線に編入された。その当時の当駅付近の線路は非電化の東海道本線と、電化線（山手・京浜線が線路を共用）の複々線で、当駅は1面2線の電車専用駅であった。

　昭和10年代に入ると「京浜急行線」（横須賀線と京浜東北線の急行が乗り入れる）の案が浮上して、東京―品川間に複線を増設する計画が生まれた（P.174コラム参照）。当駅は京浜東北・山手用のホームを山側（横浜方向に向かって右側）に1本新設して①②番線とし、そちらに移動、東海道本線も昭和17年（1942）に完成した海側の新線路に移った。しかし戦争のため計画は中止され、旧電車用ホームは線路を外されて屋根もないまま放置されていた。

　昭和27年（1952）10月14日に、その殺風景なホームの横浜方先端部に可愛らしい「小便小僧の像」が建立されて、電車の走る時間帯に放尿を始めた。これが人気を呼んで、四季に合わせて衣服を着せ替えるボランティアの人々が現れて現在に至っている。昭和31年（1956）11月の京浜東北・山手線分離の際にこの休止ホームは使用再開となり、③④番線として現役に復帰した。

　昭和30年代初期までの駅周辺は低層のオフィスビル街だったが、それを一変させたのが昭和

京浜東北線 ▶ 浜松町

左上：浜松町駅に停車中の京浜東北線72系北行電車。左はモノレールの浜松町駅。◎昭和39年9月15日　撮影：荻原二郎
左：浜松町駅は京浜東北・山手線だけの停車駅だが、奥側(海側)には東海道本線と東海道新幹線が並走している。
右上：浜松町駅北口風景。◎昭和41年1月4日　撮影：荻原二郎

　39年(1964)9月17日の東京モノレール羽田線の浜松町駅開業と、昭和45年(1970)3月竣工の世界貿易センタービルだった。モノレールは羽田空港の拡張とともに利用客が増え、平成14年(2002)にはJR東日本の傘下に入って、さらに利用しやすくなった。モノレールへの乗り換えの便をはかって、京浜東北線の快速停車駅となっている。
　世界貿易センタービルは超高層の複合ビルで、商業施設が人を集めている。同ビルはJR、モノレール、都営大江戸線と密接に結んでいるため、乗り換え客も増えている。浜松町駅の東側は旧芝離宮恩賜公園があり、さらに東へ進むと東京港の桟橋(竹芝、芝浦など)に出る。

浜松町駅の人気者「小便小僧」。昭和27年、「京浜急行線計画」の中止で使用休止中だった3・4番線ホームの横浜方先端に建立された。ホームが再整備されたのは昭和31年。

| 乗車人員 | 144,433人 |

田町(たまち)

橋上の自由通路は広々としている。

所在地	東京都港区芝五丁目
開業年	明治42年(1909)12月16日
ホーム	島式2面4線
キロ程	4.6km(東京起点)、大宮から34.9km
隣の駅	◀浜松町(1.5km) (2.2km)品川▶
接続JR線	山手線
接続民鉄線	都営三田線(徒歩乗換え)・浅草線(同)

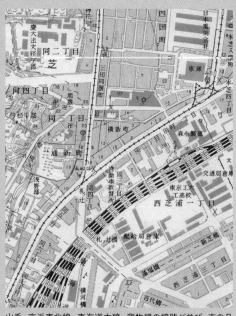

山手・京浜東北線、東海道本線、貨物線の線路が並び、南の品川車両基地に向かう。鉄道開通時に芝浦の海に築堤で築かれた単線の線路は西端の京浜東北線の線路の位置という。都電も全盛期でNEC本社、慶應義塾が沿線にある。

「芝浜」の跡と埋め立て地「芝浦」の間にある駅

　浜松町を出ると頭上に東京モノレールが同行するが、すぐに左方の芝浦の方に去っていく。線路は東海道貨物線（浜松町起点、小田原まで続くが、浜松町―東京貨物ターミナル間は休止中）、新幹線、東海道本線、京浜東北・山手線が並んで進む。

　ここは明治5年（1872）に開通した新橋―横浜間の鉄道が芝浦の海に築堤を築いて走っていた区間。築堤で仕切られた元の芝浜のほうは昭和の終わりまで船溜まりなどでわずかに残っていた。線路用地を含めて進行方向左側は、すべて芝浦の海を埋め立てた土地である。

　田町駅は2面4線のホームで、山手線のみホームドアがすでに完成し

ている。田端から続いてきた京浜東北・山手線の方向別複々線は当駅で終わりとなる。当駅は橋上駅の構造で自由通路の両側に南改札、北

田町駅東口。簡素な造りだった。◎昭和41年3月18日　撮影：荻原二郎

京浜東北線 ▶ 田町

田町駅北側で並んだ山手線101系、京浜東北線クハ79形、東海道線クモユニ74形＋153系。
◎昭和39年4月29日　撮影：小川峯生

改札がある。自由通路の三田口（西口）と芝浦口（東口）から駅前に出られる。

三田口は官公庁の施設、公共施設、森永製菓、日本電気、三菱自動車工業などの本社、ハンガリー、イタリアなどの大使館、私立中学・高校、寺院が多い。芝浦口はかつて都電・都バス関係の資材倉庫や産業施設、倉庫が並ぶ工業地帯だったが、再開発で官公施設、企業本社、ホテル、マンションが並ぶ街になり、通勤客が増えている。

田町駅に進入するクハ79形920番代全金車。中央線の101系化で押し出された新72系の一つで、京浜東北線にも若干両数が転入していた。◎昭和37年4月16日　撮影：荻原二郎

田町駅に進入する京浜東北線の北行快速電車。頭上の鉄橋は「札の辻橋」。国道15号と芝浦地区を結ぶ重要な都道だ。

| 乗車人員 | 335,661人 |

品川
しながわ

品川駅高輪口(西口)。品川駅の玄関口だが、再開発の進む港南口(東口)に押され気味のようで、高層ビル群が迫って見える。右のビルは京急品川駅。

所在地	東京都港区高輪三丁目
開業年	明治5年(1872)5月7日 (＝新暦6月12日)
ホーム	島式8面15線(15番線は片面のみ)
キロ程	6.8km(東京起点)、大宮から37.1km
隣の駅	◀田町(2.2km) (2.4km)大井町▶
接続JR線	東海道・山陽新幹線、東海道本線、 横須賀線、山手線
接続民鉄線	京浜急行本線

多数の線路が並ぶ品川の車両基地。東京・品川機関区、品川客車区、田町・品川電車区などが密集していた。その用地および東側の工業地帯はすべて埋め立て地である。八ツ山の鉄橋を渡っているのは国道15号と京急本線。

車両基地に囲まれた駅から東京の「南の玄関駅」に

　明治5年(1872)の新橋—横浜間の鉄道開通と同時に開業した東海道本線生え抜き駅の一つである。芝浦の海(高輪の海岸)に築堤を築いて品川駅まで線路を敷いたが、武蔵野台地突端の八ツ山が海に迫っていて駅の用地がなく、一部埋め立てをして相対式2面2線の品川駅を開設した。

　大正、昭和と時代が進むにつれて駅は大きくなり、埋め立てを行って田町—品川間の海側に品川操車場(当初は貨物)が開設され、昭和4年(1929)には東京駅から客車の検修部門を一部移した。その後、昭和5年(1930)に横須賀線の電車を担当する田町電車区が開設された。さらに埋め立てと拡張を行い、昭和17年(1942)に東京駅から東京機関区、同じく客車部門が移転してきて品川操車場を品川客車区と改めた。

こうして田町駅から品川駅の間は車両基地が並び、東海道本線の重要拠点となった。

　戦中戦後の混乱期を乗り越えて、品川駅はさらに大きくなっていく。平成15年(2003)10月1日にはJR東海の東海道新幹線・品川駅が旧品川貨物駅・品川機関区・新幹線品川基地跡に開設された。東口一帯の再開発も進んで、品川駅は東京の南の玄関口にふさわしい大駅になっている。現在、品川駅のホームは、

①山手線内回り、②山手線外回り、③京浜東北線北行、④京浜東北線南行、⑤⑥東海道本線上り、⑦⑧(工事のため使用停止中)、⑨⑩東海道本線下り(当駅始発)、⑪⑫東海道本線下り、⑬横須賀・総武快速線千葉方面、⑭横須賀・総武快速線千葉、逗子方面(一部の列車)、⑮横須賀線逗子方面。後発の東海道新幹線ホー

京浜東北線 ▶ 品川

左上：中央改札口の風景。改札口を入ると多数の駅ナカの店舗が迎えてくれる。
左：品川駅港南口(東口)。正面の駅ビルはイーストビル。周辺には企業ビル、商業ビルが並ぶ。
上：品川駅東口。工場地帯だったので乗降はほとんどが通勤客だった。◎昭和40年12月1日　撮影：荻原二郎

　ムは、㉑㉒東京方面、㉓㉔新大阪方面、となっており、全列車が停車する。
　＊⑬⑮は特急「成田エクスプレス」を含む。
　京浜急行電鉄との乗り換えも便利で、羽田空港に速達するエアポート快特・特急の利用客も多い。
　橋上駅化された品川駅構内には「エキュート品川」を主体に飲食店、居酒屋、駅弁売り場が充実している。高輪口(西口)は高級ホテル、シティホテルの多い地域で、再開発で高層化されている。複合商業ビルが建ち並ぶ中で、柘榴坂を上った高台には古い低層ビルの商店街も健在だ。
　港南口(東口)は埋立て地で、工場や倉庫が並んでいたが、現在は再開発で躍進を続けている。ＪＲイーストビルの周辺には中小低層ビルの商業地区もあるが、旧海岸通りはオフィスビルの街に変わり、品川グランドコモンズ、品川インター

シティの高層オフィスビル群が現在の品川風景となっている。

品川駅西口風景。駅前に「明治五年五月七日　品川駅創業記念碑」がある。第一京浜の品川駅前は都電のターミナルだった。

品川駅の京浜東北線北行ホーム停車中のクハ16形800番代青帯車。◎昭和30年9月　撮影：小川峯生

品川駅西口。池袋駅から延びてきたトロリーバスの終点でもあった。◎昭和40年12月1日　撮影：荻原二郎

京浜東北線 ▶ 品川

品川駅西口は都電のターミナルでもあった。1系統は品川―上野間を走る都電の王者だった。◎昭和42年10月28日　撮影：荻原二郎

かつての東海道本線旅客列車の全盛期には多数のホームが賑わっていたが、現在は使用されないホームも生じていた。品川車両基地の再開発で、電車のホームは港南寄り(海側)に移動し、田町との間に新駅が誕生することになっている。

港南口側から中央改札口方向を見る。手前側がJR東海、奥がJR東日本のエリア。

品川駅の京浜東北線ホームには花壇が設けられている。

美しくなった品川駅構内を貫く橋上通路。在来線と新幹線、西口と東口を結ぶだけにかなり長い。

| 乗車人員 | 100,403人 |

大井町
おおいまち

大井町東口。大井町線乗り換えにも便利。

所在地	東京都品川区大井一丁目
開業年	大正3年(1914)12月20日
ホーム	島式1面2線
キロ程	9.2km(東京起点)、大宮から39.5km
隣の駅	◀品川(2.4km)　(2.2km)大森▶
接続JR線	なし
接続民鉄線	東急大井町線、 東京臨海高速鉄道りんかい線

東海道本線・京浜東北線の西側には国鉄大井工場が広がっている。その南端を走る路線は東急大井町線。西口、東口ともに商店街、繁華街が早くから形成されていた。

頭上の東急大井町線、地下のりんかい線乗り換え駅

　品川を出た京浜東北線は、新幹線、山手線、京浜急行電鉄線とも別れ、八ツ山の切通しから先は東海道本線と複々線となって横浜方面に向かう。次の大井町駅は、明治34年(1901)年3月に大崎から延びてきた山手支線の連絡線が東海道本線と合流する地点に設けられた「大井聯絡所」が起源。大正3年(1914)12月20日の京浜線開業日に電車専用駅から「大井町駅」に格上げ開業した。島式ホーム1面2線の姿はこの時以来のものである。

　当駅は昭和2年(1927)7月に開通した高架行き止まりの目黒蒲田電鉄(現・東急電鉄)大井町線、平成14年(2002)12月に開通した地下線の東京臨海高速鉄道(りんかい線)の乗り換え駅になっている。前者は東急田園都市線の溝の口まで直通し、後者は埼京線と相互直通運転を行っ

ており、渋谷、新宿方面、東京テレポート(お台場)、新木場方面へ行くのに便利な路線である。当駅は乗り換え駅として重要度を増している。

　大井町駅西口、東急大井町線の北側はJRの東京総合車両センター(旧大井工場＋旧山手電車区)が広大な面積を占めていて、その南端部に四季劇場「夏」が立地している。西口および中央口(アトレ口)前は駅前広場で、西側にイトーヨーカドー、南側に阪急大井町ガーデン(阪急百貨店大井食品館とアワーズイン阪急を含む)がある。企業ビルとシティホテル、飲食店も多い。

　東口は新旧の店舗が渾然として並ぶ商店街、飲食街が健在で、東口商店街、ゼームズ坂通り、大井すずらん通りなど庶民的な街がひしめいている。居酒屋、ラーメン店も多いので、途中下車して立ち寄る客もいるようだ。

京浜東北線 ▶ 大井町

左上：大井町駅ホームと103系。京浜東北線への103系投入期で、右は山手線からの転属車。◎昭和41年7月13日　撮影：荻原二郎

右上：大井町駅ホームの情景。昭和の香りが漂う。◎昭和49年9月28日　撮影：岩掘春夫

左中：切り通しの駅の上に駅ビルがあるため、ホームは暗くなっている。

大井町駅の全景。横浜方向を望んだもの。

| 乗車人員 | 92,962人 |

大森
おお　もり

現在の大森駅東口。

所在地	東京都品川区大森北一丁目
開業年	明治9年(1876)6月12日
ホーム	島式1面2線
キロ程	11.4km（東京起点）、大宮から41.7km
隣の駅	◀大井町(2.2km)　(3.0km)蒲田▶
接続JR線	なし
接続民鉄線	なし

西口は池上街道に沿っていて商店街も小規模だが、東口は駅前広場もあって、戦前から商業ビルが点在していた。現在も道路や街の区画は同じだが、高層のビルが増えている。

京浜間の落ち着いた商業地、住宅地のある駅

　明治9年(1876)6月に東海道線の駅として開業した古い駅である。大正3年(1914)12月に京浜線が開通し、東海道本線と島式ホームを並べた。その後東海道本線も電化され、昭和5年(1930)3月15日に大船―東京間に乗り入れていた横須賀線が電車化された際に、大森駅の列車の停車は全廃された。ホームの土台は昭和57年(1982)まで残っていた。

　当駅も戦災で焼失したが、復興の後、現在は橋上駅化され、JR東系のショッピングセンター「アトレ」が入店している。東口には駅前広場があり、戦前にはデパートの白木屋大森分店もあったが、現在は大森東口ビルという高層オフィスビルに変わっている。駅周辺の小規模な商店街の他、次第に高層のオフィスやマンションのビル街に変わりつつある。

大森貝塚にちなんだ「日本考古学発祥の地」の石碑。ホームにある。

京浜東北線 ▶ 大森

西口は池上街道と並行している。古い地下道には高さ制限がある。

駅名標のデザインを使った駅そば店。

大森駅のホーム。上屋は昭和初期の様式が残る。

大森駅東口。駅前にロータリーがあり、商業ビルや商店街が広がっていた。◎昭和40年9月1日　撮影：荻原二郎

　西口駅前は池上街道に面しており、細長く商店街が続いている。西の大田区山王、馬込（まごめ）、中央の区域は、旧大森区馬込町（昭和7年〔1932〕以前は東京府荏原郡馬込村）で、大正半ばから昭和初期にかけて多数の文士が居住したことから「馬込文士村」と呼ばれていた。ここに住んだ作家、詩人は北原白秋（きたはらはくしゅう）、三好達治（みよしたつじ）、室生犀星（むろうさいせい）、川端康成（かわばたやすなり）、尾崎士郎（おざきしろう）、宇野千代（うのちよ）、山本有三（やまもとゆうぞう）、石坂洋次郎（いしざかようじろう）、広津和郎（ひろつかずお）、吉屋信子（よしやのぶこ）、村岡花子（むらおかはなこ）など多数。現在は閑静な住宅地だが、文士村の頃は武蔵野の田園風景の中にモダンな住宅が点在していた。今も当時の面影を求めての文学散歩が人気を呼んでいる。

大森駅西口。池上通りに面して駅舎があった。
◎昭和40年9月1日　撮影：荻原二郎

| 乗車人員 | 139,728人 |

蒲田
かまた

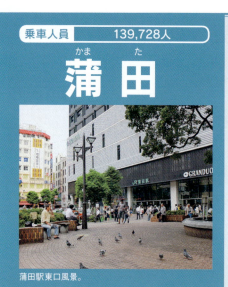
蒲田駅東口風景。

所在地	東京都大田区蒲田五丁目
開業年	明治37年（1904）4月11日
ホーム	島式2面3線
キロ程	14.4km（東京起点）、大宮から44.7km
隣の駅	◀大森（3.0km）　（3.8km）川崎▶
接続JR線	なし
接続民鉄線	東急池上線、東急多摩川線

西口で連絡する路線は東急池上線と目蒲線。南側で分岐する線は蒲田電車区への連絡線。駅の周辺は商店街、飲食街で混沌としていたが、東口が先に再開発を終えた。

大田区の中心地、東口・西口ともに庶民的な繁華街

　明治37年（1904）の駅開業後、東海道線の停車駅だったが、大正3年（1914）12月の京浜線開通後は京浜線電車だけの停車駅となる。駅周辺は田園地帯だったが、大正11年（1922）11月の池上電気鉄道（現・東急電鉄池上線）の開通、大正12年11月の目黒蒲田電鉄（現・東急電鉄東急多摩川線と目黒線）の開通、および関東大震災後の東京市民の郊外移転が活発になり、市街地化、工業地化、宅地化が急速に進んだ。

　大正12年（1923）12月に、当駅から分岐する鉄道省矢口火力発電所への専用線（運炭線）の途中に品川電車庫蒲田分車庫を開設、翌大正13年5月に蒲田電車庫として独立、昭和11年（1936）に蒲田電車区と改称、昭和30年代半ばまで京浜東北線最大の車両基地となっていた（発電所は大正15年（1926）に廃止）。

蒲田駅南行ホームの情景。かつてに比べ、蒲田折り返しの電車は減っており、ほとんどが桜木町、大船方面に直行する。

改札口風景。橋上自由通路の左が東口、右が西口。

蒲田駅東口。復興計画の遅れから昭和30年代までバラックの駅舎が現役だった。◎昭和36年4月7日　撮影：荻原二郎

蒲田～川崎間を快走する南行電車。東海道本線との並走区間で、このあたりは踏切も多い。◎平成26年11月　撮影：木村嘉男

蒲田駅西口は東口よりも戦後風景を残し、昭和40年代までバラック駅舎の姿を留めていた。◎昭和36年4月7日　撮影：荻原二郎

昭和20年（1945）4月15日の京浜川崎荏原大空襲では蒲田駅、蒲田電車区も焼失した。戦後は蒲田駅から羽田飛行場まで、占領軍の専用線が敷かれて大量の資材が運ばれたが、昭和27年（1952）までに返還、廃止された。

松本清張の小説『砂の器』に「蒲田駅の操車場」として登場する駅東側の貨物扱い所は昭和51年（1976）に廃止となり、跡地は「駅から最も近い区役所」とされる大田区役所の庁舎になっている。

蒲田の街は戦前から庶民的な盛り場として知られていたが、現在の蒲田駅は橋上駅化されており、東口・西口がファッション、グルメ、フード、雑貨の複合商業駅ビル「GRANDUO蒲田」によって結ばれている。西口には蒲田東急プラザが隣接している。東口には蒲田東口中央通り、蒲田東口一番街などの商店街、西口にはサンライズ蒲田、サンロード蒲田などの商店街があり、飲食店、居酒屋などと一体になって庶民的な賑わいを見せている。

蒲田駅のホームは折り返し発着線を挟んだ2面3線で、電車区所在地の駅としては簡略な構造だ。右の複線は東海道本線。

| 乗車人員 | 197,010人 |

川崎
かわさき

現在の川崎駅東口。

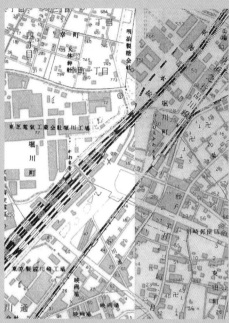

所在地	神奈川県川崎市駅前本町
開業年	明治5年(1872)6月5日(=新暦7月10日)
ホーム	島式3面6線
キロ程	18.2km(東京起点)、大宮から48.5km
隣の駅	◀蒲田(3.8km)　(3.5km)鶴見▶
接続JR線	東海道本線、南武線
接続民鉄線	京浜急行本線(徒歩乗換え)

東口駅前広場をはさんで京浜急行線と並行し、その東側には川崎市電が並行していた。京急線の東側が川崎の繁華街。西口は東芝、明治製糖などの大工場が立地していた。

京浜工業地帯の中心地から複合文化施設の街に

　川崎駅は明治5年(1872)の鉄道開通時に開業した最古参駅の一つ。東海道本線の停車駅であり、南武線の起点でもある。ホームは東側から①②東海道本線、③④京浜東北線、⑤⑥南武線、と明快で、橋上に駅舎があり、ホームの南北両端に乗り換え用の階段がある。当駅を通っていた頃の横須賀線は戦前から川崎は通過で、戦後は1日5本程度の停車だったが、昭和34年(1959)2月1日から全列車の川崎停車が実現していた。

　かつて川崎といえば西の尼崎とともにスモッグが渦巻く工業地帯の代名詞のように言われていたが、川崎駅の周辺は商業ビルや複合ビルが林立し、グルメやショッピング、映画の街として繁栄を誇っていた。川崎駅前広場のバスターミナルもよく整備され、横断する京浜急行電鉄の高架化も早い時期に完成していた。

　しかし昭和48年(1973)のオイルショック以後、高度経済成長が峠を越して低成長期に入り、その後の一時的なバブル経済も崩壊する頃から、京浜工業地帯から大工場の移転や縮小、閉鎖が見られるようになる。

　川崎駅周辺の繁華街も活力を失った時期もあったが、やがて再開発による新しい街づくりが行われて、文化的な施設を主体にした市街地や建築物に変身した。東口の駅ビル「アトレ」や複合商業施設「川崎DICE」「岡田屋モアーズ川崎店」、複合映画館街「チネチッタ」などが活況を呈し、商業地区のレストラン、居酒屋なども繁盛している。

　海岸部の工場地帯、中心部の商業地域に比べ、西口は東芝や明治製菓をはじめとする大工

京浜東北線 ▶ 川崎

右上：川崎駅に停車中の京浜東北線南行のクハ79形100番代。
◎昭和28年9月4日　撮影：鹿島雅美

左上：川崎駅を通過中の151系特急「富士」。新幹線開業の前日で、戦後の東海道本線黄金期の最終日。◎昭和39年9月30日　撮影：荻原二郎

左中：川崎駅の京浜東北線のホームは3、4番線を使用している。

左下：すっかり綺麗になった川崎駅東口駅前広場。工業地帯の駅のイメージは消えている。

場が連なっていたが、移転が相次ぎ、再開発されて現在は商業・文化施設の「ラゾーナ川崎プラザ」、住居部分の「ラゾーナ川崎レジデンス」が人気を呼んでいる。オフィスビルの「ラゾーナ川崎東芝ビル」「ソリッドスクエア」（明治製菓跡地）や「ミューザ川崎シンフォニーホール」も開業して、工業都市からの脱皮が進んでいる。

東口駅前にある石敢當（いしがんどう／せきがんどう）。昭和35年の宮古島台風災害の際、川崎市が市民からの募金による義捐金を送ったお礼として贈られたもの。魔よけの意味がある。

川崎駅東口の風景。横切る高架線は京急電鉄本線。市営トロリーバスが健在の頃。◎昭和42年　撮影：吉村光夫

川崎駅の京浜東北線ホームは終日混雑している。

すっかり綺麗になった川崎駅東口駅前広場。地下街も賑わっている。

川崎駅自由通路。東口と西口を結ぶ通路で、終日混雑している。

川崎駅東口駅前。京急線の高架化工事が始まった頃で、仮線を敷く用地がないため、並行する川崎市電の線路用地を借りて走った。市電は手前奥まで後退し、元に戻ることはなかった。◎昭和42年
撮影:吉村光夫

東口から出ていた川崎市電。この500形は都電の6000形と同形だった。◎昭和37年7月20日
撮影:荻原二郎

| 乗車人員 | 78,272人 |

鶴見(つるみ)

鶴見駅東口の駅ビル。

所在地	神奈川県横浜市鶴見区鶴見中央一丁目
開業年	明治5年(1872)9月12日
ホーム	地上：島式1面2線、 高架：頭端式2面2線
キロ程	21.7km(東京起点)、大宮から52.0km
隣の駅	◀川崎(3.5km)　(3.1km)新子安▶
接続JR線	鶴見線
接続民鉄線	京浜急行本線(徒歩乗換え)

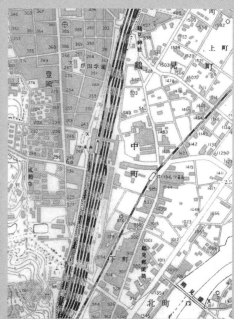

国鉄の川崎―鶴見間は線路が複雑に分岐・合流していた。しばらく離れていた京急線が近寄ってくると鶴見駅。駅周辺は商業地区で、西口は総持寺の広大な境内が近い。

川﨑鶴見工業地帯の玄関駅、大本山總持寺の門前駅

　川崎から東海道本線と複々線で鶴見方面に向かう。沿線は住宅と町工場の街。頭上を南武支線(尻手―浜川崎)がオーバークロスし、浜川崎からの東海道貨物線が近寄ってきて3複線となる。そこへ新鶴見方面から来た武蔵野南線が頭上を越えて東海道貨物線に合流、武蔵野南線と並んでやってきた横須賀線は京浜東北線と並び5複線となって鶴見川の鉄橋を渡る。

　この一帯は鶴見川の氾濫原だった低湿地で、昭和30年代半ばまでは川と入り組んだ沼沢が広がっており、新藤兼人監督の映画『どぶ』(昭和29年、乙羽信子・宇野重吉主演)のロケ地にもなった。線路も沼を避けて奇妙なカーブを描いていたが、沼地の干拓で線形もよくなり、現在は高速で通過する。

　鶴見駅も古参駅の一つだが、停車する京浜東北線のホームは1面2線の単純なもの。昭和5年(1930)10月に鶴見臨港鉄道(昭和18年に国有化、現・鶴見線)が開通して西側にターミナルビルを建設し、2階に櫛形2面2線のホームを設けた。現在も鶴見線のホームには私鉄らしい風情が濃厚に残っている。

　東口は駅ビル「シークレイン」「シャル鶴見」があり、鶴見銀座、鶴見三業地商店街などの他、駅周辺には商業施設や飲食店、居酒屋などが密集している。西口にはスーパーの他にアーケードの「レアーノつくの商店街」がある。駅西口からは徒歩7分で曹洞宗総本山總持寺(そうじじ)に至る。明治44年(1911)に石川県輪島市から移転してきた古刹で、敷地は50万㎡もあって、境内には寺が経営する鶴見大学・同短期大学がある。

右上:鶴見駅俯瞰。手前が西口で、高架線上を鶴見線の205系が通る。
左上:鶴見駅のホーム。当駅折り返し電車はめっきり少なくなった。
右中:103系から205系に代わった鶴見線電車。
左中:西口に残る鶴見臨港鉄道のターミナルビル。路線は国有化されたが、ビルは現在も同社の所有である。

鶴見駅東口。昭和40年に竣工した商業施設の駅ビル「つるみカミン」が威容を見せる。平成20年に閉店し、改築後の平成24年に「シアル鶴見」が開店した。◎昭和44年1月4日 撮影:荻原二郎

新子安
しんこやす

乗車人員　21,926人

新子安駅外観。駅前が狭いため橋上駅化された。

所在地	神奈川県横浜市神奈川区子安通二丁目
開業年	昭和18年（1943）11月1日
ホーム	島式1面2線
キロ程	24.8km（東京起点）、大宮から55.1km
隣の駅	◀鶴見（3.1km）　（2.2km）東神奈川▶
接続JR線	なし
接続民鉄線	京浜急行本線（徒歩乗換え）

国鉄線と京急線が接近する地点。南側には国道15号を走る横浜市電生麦線と国鉄高島貨物線が見える。左上の市電の記号は誤りで、この付近は市電の空白地帯であった。

戦時下、軍需工場の工員輸送で緊急開業した駅

　鶴見と次の新子安駅との間では、並行する東海道貨物線から「新横浜貨物線」が分岐して地下線となって山側（右側）に消え、残された貨物線は「高島貨物線」となって海側（左側）に去っていく。続いて京浜東北線が東海道本線を乗り越えて海側（左側）に出る。再び京浜東北線・東海道本線・横須賀線（湘南新宿ラインも通る）の3複線に戻ると新子安に着く。

　新子安駅は軍需工場への工員輸送のために戦争末期の昭和18年（1943）11月に開業した。島式ホーム1本の簡素な造りで、時節がら廃駅になった万世橋駅の資材、用品を再用したことで知られる。隣接して京急新子安駅があるが、こちらは明治44年（1911）3月に開業した大先輩だ。神奈川産業道路が両線をまたいで横切っている。

　JRと京急の線路にはさまれた狭い土地に駅があり、そこに駅舎がある。東口は商店と住宅が混在し、そこにマンションや事業所が交じる。その東には工業地帯が広がっている。西口は大型ショッピングセンターがある他、駅前庭園都市を謳（うた）い、住宅・業務・商業を集約した「オルトヨコハマ」のビルが並んでいて、閑静な雰囲気を作り出している。

新子安駅俯瞰。右下がJRの新子安駅、左奥が京急新子安駅。歩道橋で結ばれている。

京浜東北線 ▶ 新子安

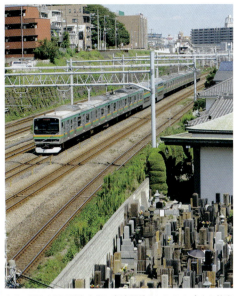

左上：新子安駅は戦争末期に急遽開設されたので、今なお簡素な造りが随所に見られる。
左：ホームから横浜方向を見る。左に京急電鉄本線が接近しており、轟音と共に快特や特急が頻繁に通過していく。
上：歩道橋から鶴見方向を見る。電車は東海道本線下り。右下は本慶寺の墓地。

新子安駅駅舎。橋上駅化される前は簡素な駅舎だった。◎昭和39年10月4日　撮影：荻原二郎

東神奈川

乗車人員 33,899人

東口を出ると京急仲木戸駅と結ばれている。

所在地	神奈川県横浜市神奈川区東神奈川一丁目
開業年	明治41年(1908)9月23日
ホーム	島式2面4線
キロ程	27.0km（東京起点）、大宮から57.3km（横浜線）八王子から42.6km
隣の駅	◀新子安(2.2km) (1.8km)横浜▶
接続JR線	横浜線（当駅起点）
接続民鉄線	京浜急行本線（徒歩乗換え）

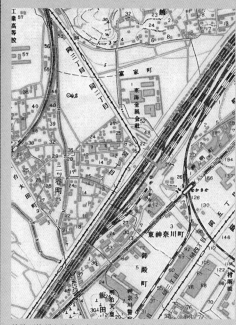

線路が複雑な地点。左上から順に東急東横線、横浜市電、東海道・京浜東北線、京急線、高島貨物線。東神奈川駅の南側には電車区があったので線路が多数になっている。

「絹の道」の横浜鉄道が自前で建設した駅

　八王子、甲信地方で生産した輸出用の生糸を横浜港まで運ぶために、明治41年(1908)9月23日に横浜鉄道（東神奈川―八王子）が開通した。東神奈川には東海道線の駅はなく、横浜鉄道が自前で自社の駅舎、ホーム、貨物扱い所と東海道線（明治42年10月12日から東海道本線となる）のホームを建設した。当時は横浜寄りに神奈川駅（昭和3年〔1928〕10月15日廃止）があったので駅名は「東神奈川駅」となる。

　その後、横浜鉄道は明治43年(1910)12月に鉄道院の借り上げとなり「八浜線」と改称されたが、大正6年(1917)10月1日に同社貨物線の東神奈川―海神奈川間2.0kmを含めて国有化され、線名も「横浜線」に戻った。京浜線の開通後は、東海道本線は当駅を通過するよう

2面4線のうち、中の線は主に横浜線が使用している。奥の電車は京浜東北線の南行。

京浜東北線 ▶ 東神奈川

東神奈川駅東口駅舎。左は東神奈川電車区で、73形電車が見える。◎昭和42年9月23日　撮影：荻原二郎

東神奈川駅を発車した横浜線八王子行きの73系電車。

横浜〜東神奈川間を行く103系。72系との置き換えを進めていたが、京浜東北線の必要両数が多いためなかなか進捗しなかった。◎昭和43年1月2日　撮影：荻原二郎

になり、京浜線、横浜線の駅になった。

　横浜線は大正14年(1925)4月に東神奈川—原町田(現・町田)間を東海道本線電化のテスト線として電化、昭和7年(1932)10月に同区間を電車化、京浜線桜木町への乗り入れを開始した(戦争末期に中止、昭和34年(1959)4月に復活)。昭和16年(1941)4月に原町田—八王子間も電車化されて、絹の道の鉄道は利便性を増した。戦中は沿線に陸軍の基地が多く建設されて軍事路線の性格を強めたが、戦後は通勤路線に変身している。

　優雅な建築だった駅本屋は昭和20年(1945)5月29日の横浜大空襲で焼失し、バラックの駅舎だったが、昭和35年(1960)に橋上駅舎化されている。現在のホームは島式ホーム2面4線で、京浜東北線と横浜線が合流・分岐する駅だけに使用法はやや複雑だ。東口は目の前に京急電鉄本線の仲木戸駅があり、ペデストリアンデッキで結ばれている。

　東神奈川駅は神奈川区の中心駅ながらJRの駅ビル「CIAL PLAT」以外に大きな商業ビルはなく、行政機関、公共施設、マンションが目立つ。西口もやはり行政機関、公共施設のほか高校と専門学校、マンションが多く、駅周辺に大きな繁華街はない。

| 乗車人員 | 406,594人 |

横浜
よこはま

横浜駅東口の模様。

所在地	神奈川県横浜市西区高島二丁目
開業年	大正4年(1915) 8月15日
ホーム	島式4面8線
キロ程	28.8km (東京起点)、大宮から59.1km、八王子から44.4km
隣の駅	◀東神奈川(1.8km)　(2.0km)桜木町▶
接続JR線	東海道本線、横須賀線、湘南新宿ライン、横浜線(当線に乗入れ)
接続民鉄線	東急東横線、横浜高速鉄道みなとみらい線、京浜急行本線、相模鉄道、横浜市交通局ブルーライン(3号線)

北側から横浜駅に集まってくるのは左が東横線、東海道、京浜東北線、京急線、横浜市電、駅から南に離れていくのは左から相鉄線、京急線、右方に向かうのが京浜東北線と東横線。駅東口は工業地帯、西口はまだ空地である。

発展をつづける「街をつくる駅」三代目横浜駅

　現在の横浜駅はⅢ代目で、昭和3年(1928)10月15日に神奈川―保土ヶ谷間の短絡線上に開業している(P.190コラム参照)。そのため至近となった神奈川駅は廃止となったが、Ⅲ代目横浜駅は立地条件が良かったために利用客が増え、私鉄、地下鉄の乗り入れがあって、駅の施設は年々ふくらんでいった。一つの駅に乗り入れる鉄道事業者数が日本一となった横浜駅は、むろん神奈川県下最大の駅である。

　現在のホームでその規模を見てみると

 地平：JR・京急 　①京浜急行電鉄下り、②京浜急行電鉄上り、③根岸線下り(京浜東北線南行、横浜線乗り入れが直通)、④京浜東北線北行・横浜線下り、⑤⑥東海道本線下り、⑦⑧東海道本線上り、⑨横須賀線下り・湘南新宿ライン南行、⑩横須賀・総武快速線上り・湘南新宿ライン北行・成田エクスプレス

 地下：東京急行電鉄・横浜高速鉄道 　①みなとみらい線(みなとみらい、元町・中華街方面)、②東急東横線(渋谷方面、東京メトロ副都心線・東武東上線方面、西武池袋線方面)

 高架：相模鉄道 　①〜③海老名・湘南台方面

 地下：横浜市交通局 　①ブルーライン湘南台方面、②ブルーライン新横浜・あざみ野方面

　湘南新宿ラインは山手貨物線・横須賀線経由なので、横須賀線=宇都宮線系統と東海道本線=高崎線系統が当駅ではすべて横須賀線ホームを使用する。みなとみらい線には横浜高速のほか東急、東京メトロ、西武、東武の車両が乗り入れて来る。

　横浜市の中心市街地は関内地区であったが、中心部は戦災と米軍の大規模な接収で復興が

京浜東北線 ▶ 横浜

左上：三代目横浜駅の東口。駅の大改良で姿を消す前の眺め。◎昭和初期　所蔵：生田 誠

左中：3番線にある根岸線の0キロポスト。一体化した京浜東北・根岸両線だが正式には根岸線はここから始まる。
◎平成26年11月　撮影：木村嘉男

右上：横浜駅から根岸線に入る洋光台止まり最終日の103系低窓車。◎昭和48年4月8日　撮影：高野浩一
右中：横浜駅西口全景。東急東横線が地下に移ったため非常にすっきりした印象に。◎平成26年11月　撮影：木村嘉男
右下：横浜駅東口の駅ビル。ルミネなどの商業施設が入る。
◎平成26年11月　撮影：木村嘉男

遅れていた。昭和31年（1956）頃から横浜駅西口の開発が行われ、横浜を代表する商業地区に発展した。関内地区と離れていたが、みなとみらい地区の開発により、この3者を結ぶ都市計画が着々と進行中である。

　東口は本来の玄関口だが、運河に隔てられて、有効に使える土地は広くない。主なビルはルミネ、そごう横浜店、横浜スカイビル、横浜ポルタ（地下）など。業務ビル、ホテルが多い。

　西口は今や横浜を代表する繁華街。髙島屋横浜店、相鉄ジョイナス、横浜岡田屋モアーズ、ヨドバシ横浜（旧三越横浜店）、横浜ベイシェラトンホテル＆タワーズなどが駅前に並ぶ。旧横浜東急ホテル（旧東横線横浜駅跡を含む）は再開発の計画段階にある。ザ・ダイヤモンド（駅前からビル街一帯に広がる地下街）も常に賑わっている。

　横浜市は都心部への民営バスの路線設定を拒まなかったので、横浜駅の東口・西口はバス

乗り場としても盛況が続いている。

横浜駅東口。地下自由通路ほかの工事でごった返していた。◎昭和52年8月31日　撮影：荻原二郎

横浜駅西口の市電はかなり離れていた。左にトロリーバスが見える。◎昭和44年6月29日　撮影：荻原二郎

横浜駅の鳥瞰。下が西口で地下街の工事中。縦貫しているのが東海道本線、左に分岐しているのが上から東急東横線、京浜東北線、京浜急行線。
◎昭和38年　所蔵：フォト・パブリッシング

青木橋の上から横浜駅方向を見る。右の2線が横須賀線、中の2線が東海道本線、その左の2線が京浜東北線、左奥の2線が京浜急行電鉄本線。

| 乗車人員 | 65,392人 |

（根岸線）
桜木町
さくらぎちょう

東口は、みなとみらい21への近道になっている。

所在地	神奈川県横浜市中区桜木町一丁目
開業年	明治5年（1872）5月7日 （＝新暦6月12日）
ホーム	島式2面3線
キロ程	2.0km（横浜起点）、東京から30.8km、大宮から61.1km、八王子から46.4km
隣の駅	◀横浜（2.0km）　（1.0km）関内▶
接続JR線	横浜線（当線に乗入れ）
接続民鉄線	横浜市交通局ブルーライン（3号線）

高架駅の桜木町が終点の時代で、左に東横線の終点。海側の地平には東横浜貨物駅があり、臨港線が東に線路を延ばしていた。市電も黄金期で桜木町駅前は常に賑わっていた。駅の西側は高台で野毛山方面への坂道が多数。

「初代横浜駅」は「みなとみらい21」の玄関口に

　京浜東北線は横浜駅で東海道本線と別れると高架線に駆け上る。ここから大船駅まで電車は直通するので京浜東北線の延長のように見えるが、路線名は東海道本線支線の「根岸線」と変わる。根岸線は昭和39年（1964）5月19日の桜木町—磯子間の部分開通後、2度の延伸を重ねて昭和48年（1973）4月9日に大船まで全通した。

　根岸線には新横浜駅で東海道新幹線と連絡する横浜線が乗り入れているので、神奈川県民の利便性向上に貢献している。ただし横浜線電車のほとんどは桜木町折り返しである。

　横浜駅を出て高架線の上に出ると、かつては左側に三菱重工の造船所を見下ろし、右側には東急東横線の高架が並行して、共に桜木町駅のそれぞれのホームにすべり込んでいた。左側は再開発で「みなとみらい21」に変わり、その地下を平成16年（2004）2月1日に横浜—元町・中華街間を開業した横浜高速線（みなとみらい線）が通っている。開業日から東横線も乗り入れを開始、右手の旧東横線の高架線は遊歩道に変わる計画になっている。左手海側から高島貨物線を迎えると桜木町駅に着く。

　当駅は明治5年（1872）に開業した新橋—横浜間鉄道の「横浜駅」の後身である。京阪神への延伸が東海道経由と決まり、明治20年（1887）7月にまず横浜—国府津間が開通した。この時から初代横浜駅は盲腸線の存在となり、曲折を経て京浜線電車開通後の大正4年（1915）8月15日に桜木町駅と改称した（P.190コラム参照）。以後、京浜線（→京浜東北線）の横浜方ターミナルとして通勤通学客、観光客に奉仕してきた。

根岸線 ▶ 桜木町

左上：鉄道発祥の地　記念碑　源標点
左：桜木町駅のホーム風景。折り返し線をはさんだ2面3線で、非常に明るい。駅名標は近年増えている総合案内板の方式。
上：東急東横線が来ていた頃の桜木町駅側面。用地の関係で東横線のホームは狭かった。◎平成15年　撮影：荻原二郎

　昭和になってからの大きな動きをまとめておくと、昭和5年(1930)1月に、Ⅲ代目横浜駅―桜木町間の高架線が完成してほぼ現在の姿の原型ができた。昭和3年(1928)5月18日には東京横浜電鉄(現・東急東横線)が高島町まで複線で開通していたが、昭和7年(1932)3月31日に京浜線高架の変更(海側に1本増設、山側の1本を廃して東京横浜電鉄に譲渡)を利用して桜木町まで単線で延伸して京浜線とホームを並べた。東横線のこの区間の複線化は昭和31年(1956)10月1日に竣工と、かなり遅かった。
　鉄道省には桜木町から上大岡を経て大船に至る延長案があり、桜木町の高架ホームも右に急カーブして延長できるように準備が出来ていた。しかし計画が消えたためにホームを一部修正した。そのため京浜東北線と東横線のホームの間には不要となった延長用ホームの一部が昭和40年代まで遺跡のように残っていた。
　桜木町駅には南改札、北改札があり、どちらも東口のみなとみらい地区、西口の紅葉坂、野毛山地区に近い。駅に隣接して複合ビルの「TOCみなとみらい」があり、みなとみらい地区に進むと横浜みなと博物館、横浜ランドマークタワー、横浜ランドマークプラザ、パシフィコ横浜、よこはまコスモワールド、横浜赤レンガ倉庫などに到達する。
　西口に出ると県立音楽堂、野毛山公園、野毛山動物園など、新旧の横浜の景物が見られる。桜木町駅はJR線では最もミナト横浜の魅力が味わえる都心3駅(桜木町、関内、石川町)の一つである。

根岸線 ▶ 桜木町

横浜市電の拠点だった桜木町駅前の停留場。左奥に桜木町駅。
根岸線の右奥が関内・石川町方面。◯所蔵：フォト・パブリッシング

| 乗車人員 | 55,305人 |

（根岸線）
関内
かん　ない

北口にもベイスターズが駅を飾っている。球場は左手すぐ。

所在地	神奈川県横浜市中区港町一丁目
開業年	昭和39年（1964）5月19日
ホーム	相対式2面2線
キロ程	3.0km（横浜起点）、東京から31.8km、大宮から62.1km、八王子から47.4km
隣の駅	◀桜木町（1.0km）　（0.8km）石川町▶
接続JR線	横浜線（当線に乗入れ）
接続民鉄線	横浜市交通局ブルーライン（1号線・3号線）

根岸線開通以前の図。斜めに流れる派大岡川の北岸側の川の中に根岸線の高架が建設され、羽衣橋と港橋の間に関内駅が建設された。川は埋め立てられ地下に首都高速と地下鉄ブルーラインが通っている。右端は横浜スタジアム。

新旧のハマの顔が見られる横浜都心の駅

関内駅に進入する南行電車。このあたりしばらく横浜の中心街を走りぬける。◎平成26年11月　撮影：木村嘉男

横浜線からの乗り入れ電車。桜木町以南まで来る電車は本数が少なくなる。◎平成26年11月　撮影：木村嘉男

根岸線 ▶ 関内

関内駅南口。現在よりも広告や装飾物が少なかった。◎昭和46年　撮影：荻原二郎

背景はみなとみらい21。ランドマークのパシフィコ横浜と観覧車が見える。

関内駅北口。港方面や伊勢佐木町にも近い。◎昭和39年　撮影：山田虎雄

　関内駅は根岸線が桜木町から磯子まで部分開通した昭和39年（1964）5月19日に開業した。乗り入れてくる京浜東北線（8両）、横浜線（4・6両）の電車は共にブドウ色の72系旧型国電という時代だった。関内駅は相対式2面2線の都市型高架駅で、横浜方の北口と磯子方の南口が開設された。

　北口の西側は横浜を代表する繁華街・伊勢佐木町通りの入り口があり、奥にカトレヤプラザ伊勢佐木、書店の有隣堂本店などがある。モールは繁華な長者町、羽衣町などとつながっている。北口の東側は馬車道、尾上町のシックな街並み、神奈川県歴史博物館、みなとみらい21新港地区など新旧の街の景観が魅力。

　南口の西側には広々として緑の濃い大通り公園が近く、横浜文化体育館もある。東側はDeNAベイスターズの本拠地・横浜スタジアムが周囲を圧倒し、横浜公園、横浜開港記念館、日本大通り、山下公園、中華街にも近い。

　関内駅はカーブを描いたホームと、用地の関係で駅のバリアフリーの設備が充分とはいえなかったが、使いやすい駅への大改良が行われることになっている。

| 乗車人員 | 33,996人 |

（根岸線）
石川町
いしかわちょう

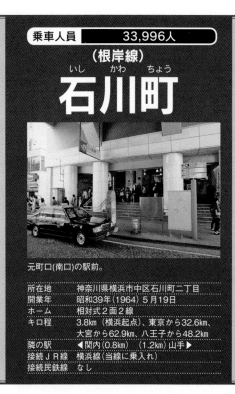

元町口(南口)の駅前。

所在地	神奈川県横浜市中区石川町二丁目
開業年	昭和39年(1964)5月19日
ホーム	相対式2面2線
キロ程	3.8km（横浜起点）、東京から32.6km、大宮から62.9km、八王子から48.2km
隣の駅	◀関内(0.8km)　(1.2km)山手▶
接続JR線	横浜線（当線に乗入れ）
接続民鉄線	なし

画面中央の碁盤の目は中華街。風水説によりハマの市街地とは方角が違う。根岸線は派大岡川と中華街西で別れ、左下に見える山手イタリア庭園手前に石川町駅を設け、そのまま庭園下にトンネルで入る線形で建設された。

JR線では元町・中華街に最も近い駅

　関内駅を出て高架線を少し進むと、左側に横浜スタジアムと緑の多い横浜公園が視野いっぱいに広がってくる。右側は大岡川を埋め立てた跡（地下鉄が走る）と首都高速横羽線が並行する。やがて左手に中華街西門を望み、続いて首都高速神奈川1号横羽線と首都高速神奈川3号狩場線の石川町ジャンクションを横目に見ながら高架の石川町駅に到着する。

　前方には山手トンネルの坑口が見える。ホームの中ほどには中村川が下を流れ、頭上には首都高速神奈川3号狩場線が横切るという、やや窮屈さも感じる駅だ。

　当駅には二つの改札口がある。北口(中華街口)は中華街に近いほか、中華学院、中央病院などがあり、西側一帯は簡易宿泊所が集まっている寿町。南口(元町口)は元町通りに

石川町駅の下を流れる中村川。奥は南口。その後高速道路ができて姿を変える。
◎昭和39年　撮影：荻原二郎

根岸線 ▶ 石川町

石川町駅ホームの横浜線クハ55形300番代。横浜線には40系が遅くまで在籍していた。◎昭和44年　撮影：荻原二郎

近く、山手方面の横浜外人墓地、港の見える丘公園、フランス山などがある。山手地区には公立の中・高校、私立の女子高校が多いので、石川町駅は高校生（特に女子高生）で埋まる通学時間帯がある。

元町も中華街も平成16（2004）年2月に開通した「みなとみらい線」を利用するほうが便利になったので、当駅の乗降客は若干減ったが、JR線で訪れるほうが便利な観光客は相変わらず多い。

山手トンネルに進入していく大船行き南行電車。

石川町駅南口。狭い道路だけで広場はない。◎昭和39年　撮影：荻原二郎

| 乗車人員 | 17,390人 |

山手 (根岸線)

山手駅は丘陵の谷間に設けられたので用地がなく、高架下の改札口の外には駅前広場もない。

所在地	神奈川県横浜市中区大和町二丁目
開業年	昭和39年(1964)5月19日
ホーム	相対式2面2線
キロ程	5.0km（横浜起点）、東京から33.8km、大宮から64.1km、八王子から49.4km
隣の駅	◀石川町(1.2km) (2.1km)根岸▶
接続JR線	横浜線（当線に乗入れ）
接続民鉄線	なし

北側の市電が通る本牧通りから一直線に南に伸びる大和町商店街が二股に分かれる地点と、その東の横浜国大附属横浜小学校との間の丘陵の谷間に山手駅が建設された。

横浜の「山手」の閑静な住宅地にある駅

山手駅改札口。高架下にあり、駅前はすぐに道路となっている。◎昭和39年　撮影：荻原二郎

根岸線 ▶ 山手

駅前から根岸方向を望む。トンネルの入り口が見えている。

高架の山手駅を望む。

根岸線開通当時の山手駅と当時の京浜東北線72系電車。◎昭和39年　撮影：荻原二郎

　石川町の駅からも坑口が見える山手トンネルを抜け、続いて第二竹之丸トンネルを抜けると山手駅に着く。前方の根岸方には矢口台トンネルが間近に待ち構えているというトンネルとトンネルの間の谷間にある高架駅である。
　山手といっても港の見える丘公園や西洋館の並ぶ山手ではなく、本来の山手町からも離れている。広義の山手地区にあるという意味の駅名であり、周囲は高台の閑静な住宅地である。駅前広場はなく、駅近くから桜木町駅行きのバスで山の手、元町、中華街に出る方法もあるが、隣の石川町駅からの方が便利である。
　駅周辺には横浜根岸外人墓地、山手公園、根岸森林公園などの史跡・名所がある。公立・私立の小・中・高校が多く、駅は児童・生徒があふれる時間がある。商店街は駅前商和会と、本牧通りまで通じている大和町商店街がある。当駅は平成25年（2013）7月から業務委託駅になっている。

| 乗車人員 | 20,998人 |

（根岸線）
根岸
ね　ぎし

橋上の根岸駅改札口。根岸は古くからの住宅地だったので、通勤客の利用が多い。

所在地	神奈川県横浜市磯子区東町
開業年	昭和39年（1964）5月19日
ホーム	島式1面2線
キロ程	7.1km（横浜起点）、東京から35.9km、大宮から66.2km、八王子から51.5km
隣の駅	◀山手(2.1km)　(2.4km)磯子▶
接続JR線	横浜線（当線に乗入れ）
接続民鉄線	なし

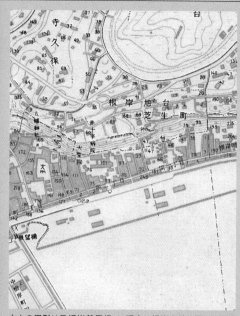

右上の円形は元根岸競馬場で、現在は根岸森林公園。根岸線は競馬場の左端から直線で本牧通りを越え、埋立て地(根岸水上飛行場跡)のさらに下の海の中に設けられたことになる。現在はこの図の海全体が埋め立て地になっている。

根岸湾の埋め立て地に生まれた産業と流通施設の街

　山手駅からはすぐに矢口台トンネルを抜けると本牧通りをオーバークロスして根岸駅に到着する。根岸湾に臨んだ地点だが、昭和30年代の埋め立てによって海は消え、工業地帯になった。昭和39年（1964）5月に埋立て地の上に根岸線が開通し、根岸駅、磯子駅が開業した。打撃を受けた市電杉田線は昭和42年（1967）8月1日に廃止となった。

　根岸駅では昭和44（1969）年10月に神奈川臨海鉄道本牧線（根岸―本牧貨物駅―本牧埠頭間5.6km）が開通、日本石油製油所（現・JX日鉱日石エネルギー根岸製油所）の専用線も開通して、当駅は石油の輸送拠点駅となる。そのため、貨物側線には東海道本線、高島線（鶴見―桜木町）からやって来るJR貨物の電気機関車とタンク車の姿が常に見られる。

　駅は1面2線の簡素な造りで、跨線橋で山側の駅舎に出る。海側は石油輸送の貨物側線が並び、頭上には首都高速湾岸線が通っていて景色は重苦しい。貨物線の奥は本牧沖の埋め立て地である。

　本牧は、明治・大正期からアメリカ流の洗練された横浜文化の発信地であったが戦災を受け、戦後は米軍住宅地として接収されていた。解除後も戦後のアメリカ文化直輸入の街となったが、高速鉄道がなく、陸の孤島の一面があって昔日の繁栄はなかった。海辺にあった名庭園「三溪園」も、埋め立てにより街なかの庭園になっている。駅の山側は住宅地で、根岸駅近くの名所としては根岸森林公園がある。元の根岸競馬場の後身である。

根岸線 ▶ 根岸

左上：タンク車を牽引するJR貨物の電機が常に見られる。写真は高崎機関区所属のEH200-23。根岸線のエースである。
左中：埋め立て地の広大な貨物側線には石油輸送のタンク車が多数並ぶ。頭上には首都高速湾岸線が通っている。
右上：根岸駅前の風景。埋立て地の海側には改札口はなく、ここが唯一の乗降口である。

開業当時の根岸駅。地平の駅舎から跨線橋でホームに出ていた。◎昭和39年　撮影：山田虎雄

乗車人員	18,703人

（根岸線）

磯子
いそご

磯子駅への階段。駅前広場に面して洗練された橋上駅舎がある。

所在地	神奈川県横浜市磯子区森一丁目
開業年	昭和39年(1964)5月19日
ホーム	島式1面2線
キロ程	9.5km（横浜起点）、東京から38.3km、大宮から68.8km、八王子から53.9km
隣の駅	◀根岸(2.4km)　(1.6km)新杉田▶
接続JR線	横浜線（当線に乗入れ）
接続民鉄線	なし

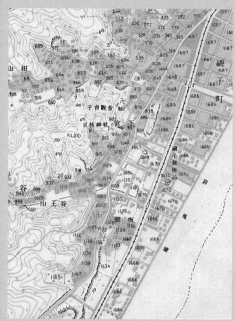

屏風ヶ浦の浅瀬の海が続いていたが、沖合までの埋め立てが行われ、そこに道路や根岸線が建設された。従ってこの図では現在の駅は海の中に存在することになる。

埋め立て地の広大な工業地帯にある根岸線の要衝駅

　根岸駅からは海側に湾岸線の高架と工業地帯の工場群が続き、陸側は新旧入り混じった住宅地、マンション、企業ビルが続く。少し離れて並行する本牧通りは、途中の掘割川を越える八幡橋で国道16号線に合流し、根岸線とはやや離れて並行を続ける。埋め立て前にはこの国道に沿って海岸線が杉田まで続いていた。

　海側に11本の線路が並ぶ根岸線電車の留置線が見えてくると磯子駅に着く。この駅は根岸線の要衝で、約半数の京浜東北線南行の電車が折り返していく（横浜線の折り返しは朝晩のみ）。その割には簡素な駅で、1面2線の橋上駅舎である。海側は東京液化酸素工場、東京電力南横浜火力発電所、電源開発磯子火力発電所、IHI横浜事業所などが並ぶ工業地帯だが、山側は駅前広場から多数のバスが発着し、周囲にはマンションが林立している。

　駅の周辺には磯子区役所があるほか、企業の支社・営業所ビル、スーパー、ファミリーレストラン、ファストフード店などが並ぶ。通勤客の多い駅だが、居住地は陸側の丘陵地の住宅地が多く、駅前でゆっくりするよりも、さっとバス（夜間・深夜はタクシー）を利用して帰宅する人が多い。

磯子駅は折り返しも多い要衝駅の一つ。乗降客が多く、活気がある駅だが、ホームは島式1本だけである。

根岸線 ▶ 磯子

開業当時の磯子駅。ホームへは跨線橋で連絡していた。◎昭和39年　撮影：山田虎雄

磯子駅の島式ホームの72系京浜東北線電車。左奥は埋立て地の先に丘陵地の住宅が見える。◎昭和50年　撮影：荻原二郎

磯子駅前の眺め。バス乗り場が合理的に配置されていて利用しやすい。

磯子駅に到着した横浜線電車。先頭はクハ55形。
◎昭和39年　撮影：荻原二郎

| 乗車人員 | 37,569人 |

(根岸線)
新杉田
しん　すぎ　た

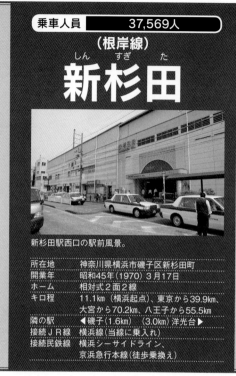

新杉田駅西口の駅前風景。

所在地	神奈川県横浜市磯子区新杉田町
開業年	昭和45年(1970)3月17日
ホーム	相対式2面2線
キロ程	11.1km（横浜起点）、東京から39.9km、大宮から70.2km、八王子から55.5km
隣の駅	◀磯子(1.6km)　(3.0km)洋光台▶
接続JR線	横浜線（当駅に乗入れ）
接続民鉄線	横浜シーサイドライン、京浜急行本線（徒歩乗換え）

中央を縦断しているのが京急本線、それよりやや右上の新杉田町の「杉」の字あたりに根岸線の新杉田駅が開業した。ここからカーブして国道16号の電車通りを越え、仲町の「仲」の字、左端の栗木を経て洋光台に路線が敷かれた。

金沢シーサイド、丘の上の団地群への入り口駅

　磯子駅からは海側の埋め立て地を湾岸道路・国道357号線と並んで進む。陸側には住宅密集地の中を国道16号線が縦貫しているのが見える。埋め立て前の屛風ヶ浦から金沢海岸にかけてのこの一帯は、海苔も採れた景勝の漁業地で、横浜市電きっての美しい海岸風景が見られる区間であった。

　やがて到着の新杉田駅は2面2線の高架駅で、駅舎は高架下にある。当駅は新交通システムの金沢シーサイドライン（新杉田—八景島—金沢八景間10.6km）の接続駅で、高架下の根岸線改札口を出てそのまま進むと同線の改札口につき当たる。

　かつては国道16号線上に横浜市電の杉田線終点の杉田停留場があったが、昭和42年(1967)8月に廃止となり、その後は京浜急行本線の杉田駅とJR根岸線の新杉田駅がこの地域の駅となっている。

　老舗の京急の杉田駅と後発の根岸線の新杉田駅とは0.4kmほど離れているが、京急側の庶民的で賑やかな商店街「ぷらむろーど杉田」を歩いて乗り換える人も多い。根岸線の新杉田駅周辺の複合商業施設は高架下の「アルカード新杉田」、駅前のビル「らびすた新杉田」くらいで、大きな商店街はない。

　駅の海側は工場地帯で東芝横浜事業所が広がり、ここまで同道してきた湾岸道路と国道357号線は、当駅から先は金沢シーサイドラインと連れ添って南下してゆく。根岸線は当駅を出ると右折して丘陵地に分け入っていく。

根岸線 ▶ 新杉田

左上：相対式2面2線で、乗り換え客が多数利用することを見込んだ広々とした設計で開業した。
左中：新杉田駅改札口。
右上：開業当時の新杉田駅正面。高架橋むき出しだった。◎昭和45年　撮影：荻原二郎

新杉田駅南側の景観。ガードの右側が洋光台方面。

| 乗車人員 | 21,243人 |

（根岸線）
洋光台
ようこうだい

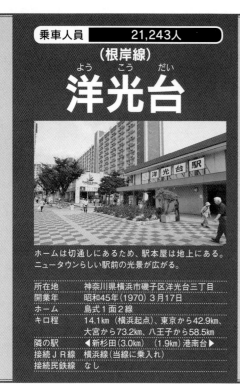

ホームは切通しにあるため、駅本屋は地上にある。ニュータウンらしい駅前の光景が広がる。

所在地	神奈川県横浜市磯子区洋光台三丁目
開業年	昭和45年（1970）3月17日
ホーム	島式1面2線
キロ程	14.1km（横浜起点）、東京から42.9km、大宮から73.2km、八王子から58.5km
隣の駅	◀新杉田（3.0km）　（1.9km）港南台▶
接続JR線	横浜線（当線に乗入れ）
接続民鉄線	なし

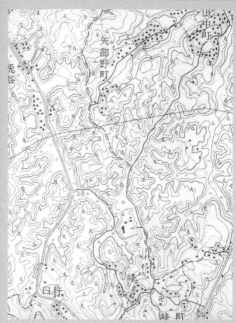

一面の丘陵地帯である。この図ではどこに線路が敷かれ、どのように街区が完成したのか判りにくい。現在の洋光台ニュータウンは丘陵の上に重ねた人工地盤上の街なのである。

駅前から広がる公団・民営高層住宅の世界

　新杉田から右折して丘陵を上り始める。この丘陵地帯は東京都の高尾山付近から続いてきた多摩丘陵の最南端部で、根岸線は大船駅の手前までこの丘陵上に造成されたニュータウンをたどりながら横断する。第1杉田トンネルを抜けて京急線を越え、短い第2・第3・第4杉田トンネルを抜けると切り通しの中の洋光台駅に着く。

　1面2線、橋上の駅舎は道路面と同じ平面である。昭和45年（1970）3月に磯子―洋光台間が延長されてから昭和48年4月に大船まで全通するまでの間、当駅で折り返し運転が行われていた。

　駅前は半ロータリーの整然とした道路で、目の前に広がる高層住宅群に圧倒される。この一帯は昭和41年（1966）から横浜市と日本住宅公団（現・UR都市機構）が磯子区の

洋光台まで部分開業した頃の駅風景。切り通しの工事跡が真新しい。◎昭和45年　撮影：荻原二郎

根岸線 ▶ 洋光台

洋光台駅前の景観。ニュータウンの駅前らしく、高層の団地の建物が林立している。◎昭和55年8月　撮影：安田就視

田園地帯だった旧矢部野、栗木、田中、峰、日野、笹下（一部）の各町を包含したニュータウンの開発を行い、洋光台1～6丁目としたもの。根岸線開通と同期の昭和45年(1970)6月から入居を開始して次第に拡大していった。近年は再開発も進行中。周辺には民営のマンション、戸建て住宅も多い。

駅周辺には商店街のほか複数のスーパー、金融機関などが並んでいる。近くにはプラネタリウムを備えた横浜こども科学館もある。

洋光台駅前風景。団地とマンションが並ぶニュータウンらしい景観が広がる。

駅の建屋は地上、改札口は橋上にあり、ホームへは階段を降りる。

| 乗車人員 | 33,377人 |

港南台
(根岸線)
(こうなんだい)

港南台駅の全景。

所在地	神奈川県横浜市港南区港南台三丁目
開業年	昭和48年(1973) 4月9日
ホーム	島式1面2線
キロ程	16.0km(横浜起点)、東京から44.8km、大宮から75.1km、八王子から60.4km
隣の駅	◀洋光台(1.9km) (2.5km)本郷台▶
接続JR線	横浜線(当線に乗入れ)
接続民鉄線	なし

隣の洋光台と同様、自然たっぷりの丘陵地帯の上に人工の都市が築かれたのが港南台と言える。図の中ほどに横断する路線を記入すれば現在のニュータウンの地下層が浮かんでくる。

海・山の鳥の名がついた団地が並ぶニュータウンの中心駅

　洋光台から連続する団地、マンション、戸建て住宅てを見上げながら切り通しを走り、矢部野・日野第1・港南台トンネルを抜けると港南台駅に着く。洋光台―大船間全通時に開設された駅の一つ。1面2線の橋上駅で、ホームは洋光台側の約半分が港南台トンネルの中にあって、地下駅の雰囲気だ。しかし乗降客は洋光台よりも多く、上大岡に次ぐ横浜市港南区の中心部となっている。

　駅は簡素だが改札を出ると洋光台よりも生活用品、食品などの商業施設が多く、プチール港南台、港南台バーズ、港南台14ビル、港南台タカシマヤ、ダイエー港南台店などが目につく。行政、公共施設、金融機関、病院も揃っていて、横浜女子短大、山手学院中・高校のほか公立の小中・高校も多い。

　主に日本住宅公団(現・UR都市機構)が建設した団地の街だが、分譲販売団地には、かもめ、ちどり、しらさぎ団地など海鳥の名を、賃貸団地には、めじろ、ひばり、うぐいす団地など山鳥の名を付けているのは味なネーミング法だ。

港南台駅のホームの洋光台方はトンネル内にあり、地下鉄の駅のような雰囲気を醸し出している。

根岸線 ▶ 港南台

左上：橋上にある港南台駅出札所。駅前広場との間に仕切り壁などがなく、開放的だ。
左中：地下鉄風に暗い港南台駅ホームの洋光台方。
右上：地上部分も市街地の切り通し内にあるので、景色は見られない。

港南台駅ビル。ホームは半地下・切り通しにあるが、駅の本屋は地上にあり、あまり鉄道駅らしく見えない。

| 乗車人員 | 19,278人 |

（根岸線）
本郷台
ほんごうだい

本郷台駅舎。ホームは盛り土の高台上にある。

所在地	神奈川県横浜市栄区小菅ケ谷一丁目
開業年	昭和48年（1973）4月9日
ホーム	島式1面2線
キロ程	18.5km（横浜起点）、東京から47.3km、大宮から77.6km、八王子から62.9km
隣の駅	◀港南台（2.5km）　（3.6km）大船▶
接続JR線	横浜線（当線に乗入れ）
接続民鉄線	なし

図の中の囲みのような一画に「米軍倉庫」とある一帯が旧海軍燃料廠→米軍PX(倉庫)となっていた所で、そのほぼ中央にここを横断する根岸線の本郷台駅が開設された。

旧海軍燃料廠跡と米軍PX跡に誕生した巨大住宅都市

　港南台を出ると根岸線最長の日野第2トンネル（1,181m）と、短い鍛冶ヶ谷トンネルを抜けて本郷台駅に着く。当駅も1面2線の簡素な造りだが、貨物着発用3本、電車留置用3本の側線が並んでいて、構内は広々として見える。側線は貨物列車、臨時旅客列車の時間調整の停車と根岸線電車の夜間滞泊に使用される。

　横浜市栄区内唯一の駅で、栄区の中心地でもある。駅の南側は昭和13年（1938）以降、第一海軍燃料廠があった土地で、大船駅から専用線が敷かれていた。戦後米軍に接収されて大船PX（PACEX、倉庫地区の意）になっ

ていたが、昭和42年（1967）1月に全面返還され、以後日本住宅公団（現・UR都市機構）と横浜市住宅供給公社、横浜市が主体になって多数の団

本郷台駅構内には貨物用、電車用の側線が多い。さらに線路用地が確保されているので広壮な感じがする。

根岸線 ▶ 本郷台

ホームは盛り土の高台にあるが駅舎は南側平地にあるため、長い地下道で結ばれている。

本郷台駅の北側は丘陵地で、開発が進んでいる。マンションの建設が多い。

地を建設した。現在は団地と戸建て住宅、マンションの密集する市街地になっているが、巧みな都市計画によって健康的で閑静な住環境が生み出されている。

駅周辺には松坂屋ストア、FUJIなどの商業施設のほかいくつかの商店街があり、食品、生活用品購入には便利。少し離れた燃料廠跡には神奈川県警察学校がある。

洋光台から大船までの各駅は湘南に近づいたためか、陽差しも強くなった感があり、景色も明るい印象がある。

本郷台駅構内ですれ違う根岸線のE233系(右)と横浜線から乗り入れの205系(左)。奥が大船方。なお、205系は平成26年に引退した。

| 乗車人員 | 97,118人 |

（根岸線）
大船
おお　ふな

駅南側は湘南モノレールの大船駅。

所在地	神奈川県鎌倉市大船一丁目
開業年	明治21年（1888）11月1日
ホーム	島式5面10線（うち根岸線は1面2線）
キロ程	22.1km（横浜起点）、東京から50.9km、大宮から81.2km、八王子から66.5km
隣の駅	←本郷台（3.6km）
接続JR線	東海道本線、横須賀線、湘南新宿ライン（高崎線直通・宇都宮線直通）、横浜線（当線に乗入れ）
接続民鉄線	湘南モノレール

大船駅東側から分岐して東に向かうのが旧海軍燃料廠（戦後は米軍のPX）への引込み線跡で、根岸線はそれより北側に迂回して建設された。左にドリーム交通のモノレール線が見える。

湘南・三浦半島・横浜・東京への「ハブ駅」

　本郷台駅のホームを出ると、構内の線路をすべて集約して複線となり、大道トンネルに入る。すぐに抜けると線路は3線に増えて中線が貨物線となる。やがてマンションの林立する丘の上から、中線は東海道・横須賀線を高架橋で乗り越えて、東海道貨物線の方へ離れていく。

　根岸線は多摩丘陵の最南端部を降って東海道・横須賀線と線路を並べ、大船駅に入る。新杉田以降、久びさに平地に降り立った印象だ。多摩丘陵はなおも南に続いているが、大船のこの辺りから南は地質の異なる三浦丘陵と名を変えて、鎌倉、逗子、横須賀方面へ延びてゆく。

　絶え間なく長編成の電車が発着する大船駅は、平塚・小田原方面、鎌倉・逗子・横須賀方面、横浜・東京方面に線路が向かう乗り換え駅（ハブ駅、またはクロスターミナル）の性格を持っていて、活気に満ちている。大宮から2時間04分（快速は1時間50分）の長旅だった京浜東北・根岸線の終着にふさわしい駅だ。

　大船駅は明治21年（1888）に開業した東海道本線古参駅の一つ。横須賀線との分岐駅として急行、準急の停車駅だったが、現在は特急、通勤ライナーの一部も停車する。橋上駅の下にはホームが5面10線あって、以下のように使用している。

　①②東海道線上り・湘南新宿ライン高崎線直通、③④東海道線下り、⑤⑥横須賀線上り・湘南新宿ライン宇都宮線直通・成田エクスプレス、⑦⑧横須賀線下り、⑨⑩根岸線（京浜東北線直通）・横浜線（朝晩のみ）。

　駅の東側では湘南モノレール（大船―湘南江の島間6.6km）の2面1線の高架駅と連絡してい

根岸線 ▶ 大船

左上：大船駅西口の旧駅舎。◎昭和40年　撮影：荻原二郎
左：ホームの下を流れる砂押川。右が横浜市栄区、左が鎌倉市大船の市境でもある。
右上：大船駅東口。駅前広場もなく狭かった。駅全体に列車時代の雰囲気が残っていた。◎昭和40年10月3日　撮影：荻原二郎

る。横浜ドリームランドへの足だったドリーム交通は、昭和41年(1966)5月〜42年9月に運行のあと休止となり、平成16年(2004)までに施設も撤去された。

　大船駅の東口は、駅ビルのルミネウィング大船、ホテルメッツなどのほか、狭い道に中小商店や飲食店が密集する駅前商店街、大船仲町商店街が人を集め、さらに東には西友、イトーヨーカドーやオフィスビルもあって賑わいが続く。旧松竹大船撮影所跡は鎌倉女子大学大船キャンパスとなっている。

　西口は駅の前を2級河川の柏尾川が横切っており、目の前が大船観音の建つ丘陵なので商業施設は少ない。県立フラワーセンターが行楽客を集めるくらいで、宅地化が進んでいる。西口前の再開発は緒に就いたところである。

ホームに掲出の京浜東北・根岸・横浜線の所要時間入り路線図。大宮まで122分、八王子まで90分とある。

COLUMN
京浜東北線と京阪神緩行線

　この2大長距離緩行線を似たもの同士ととらえる視点が関東にはある。はたしてそうか▼東の京浜東北線・根岸線は東海道本線と東北本線の緩行(各駅停車)線で、大宮―大船間81.2km。駅間平均距離は1.76kmと比較的短い▼西の京阪神緩行線(現在は大阪駅を境に愛称名「JR京都線・JR神戸線」)は東海道本線、山陽本線の普通電車で、京都―西明石間98.7km(京都―草津間、西明石―加古川間に朝夕の出張型小運転あり)。駅間平均距離は2.4kmとかなり長い▼〔東〕は開通時から各駅停車に徹した独立路線で、半室2等車(現在のグリーン車に相当)を連結していたが、戦中に廃止された。戦後の一時期半室2等車が走ったものの、すぐに消えた▼大正3年(1914)の開業以来、昭和20年代末までは通勤電車のトップの座にあり、新型車はまず京浜東北線に投入されてきた。現在は山手、中央、総武、常磐線などとほぼ均等に新型車が入り、特にエリート路線ではない。早くから沿線は工業地帯、商業・住宅地として開発が進み、生活臭の強い通勤路線となっている▼〔西〕は昭和初期の開業で、車両は20m車の2扉クロスシート車でスタートし、戦中戦後を除き長らく半室2等車を連結していた。やがて3扉セミクロスシート車の線区となった。高度成長期以前は沿線に田園地帯が広がり、阪神間の高級住宅地を除けば市街地化は比較的遅く、駅間が長いので緩行線といえども関東の横須賀線クラスの存在で、51、70系セミクロス車が投入されていた▼東西の長大緩行線に接点が生まれたのは、昭和30年代初期から〔西〕のセミクロス70系が〔東〕の横須賀線に転出し、代わりに〔東〕から4扉の72・73系がやって来た時と、大阪万博のあと京浜東北線と同形式、同カラーの103系が走った時期くらい▼72・73系の時代は、大鉄局が新車を望んだのに実現せず、関東の中古車が転属してきて並行する名車揃いの阪急、京阪、阪神の各社との苦戦を強いられた。関東(本社)の視点では京浜東北線と同じような路線に見えた?ここから生じた緩行線の暗黒時代であった。関西には昔も今も京浜東北線を比較の対象や同類とする視座は存在しないのだが▼103系の時代も私鉄各線に比べて遅すぎた新性能化で、その性能も車体も京阪神間向きではなかった。〔東〕の京浜東北線にはライバルがなく、車両の品質にこだわらなくても、とにかく乗ってくれるが、〔西〕はそうはいかない。品質と速度が落ちればお客は並行私鉄に逃げてしまう▼民営化後、〔西〕の緩行線には私鉄車両を凌ぐ207系、321系が投入され、新快速、快速とトリオを組んでお客を取り戻した。実用本位の〔東〕のE233系とは比較にならないグレードの高い普通電車が走っているだけでも、東と西の違いが見てとれる▼東のファンにとっては残念なことだが、東は東、西は西で、似たもの同士ではないというのが現実なのだ。

JR西日本の321系。◎所蔵：フォト・パブリッシング

Chapter 3

The history of the Keihin Tohoku Line & Negishi Line

京浜東北線・根岸線の歴史

　大正3年(1914)に誕生した「京浜線」は、わが国初の複々線区間を走り、わが国初の愛称路線名を持つ近代的な高速電車であった。以後も山手・中央線など通勤電車のリーダー格として常に新型車両が配置されてきた。身分としては東海道・東北本線の各停近距離電車であったが、曲折の後に都市間路線の「京浜東北線・根岸線」として不動の地位を築き上げた。以下はその一代記である。

品鶴線（貨物線）の下をくぐる南行電車。◎撮影：小川峯生

I 前 史 (1872〜1913)
「東京駅」の開業と「京浜線」誕生までの経緯(いきさつ)

セントラルステーション「東京駅」の建設

　わが国最初の鉄道が新橋—横浜間に開通したのは、明治5年(1872)10月14日(旧暦9月12日)のことであった。以後、新橋駅は明治末期に至るまで「官鉄線」(国有鉄道線)における首都東京のターミナル駅としての務めを果たし、その地位を40年以上にわたって保ち続けた。

　その40年の間にも日本の鉄道は大きく成長していた。主な流れを見ておくと、明治14年(1881)5月に新橋—横浜間の複線化が完成しており、さらに明治16年(1883)7月26日には日本最初の私鉄である「日本鉄道」が上野—熊谷間の仮営業を開始している。

　これは膨大な資金を要する鉄道建設に民間の資金を導入し、官鉄に肩代わりして私鉄に幹線、亜幹線、支線などを建設してもらい、いずれ必要が生じた時には国有化しようというものであった。

　その当時の東京と京阪神を結ぶ幹線鉄道は中山道(なかせんどう)経由とされていたことに対応して、「日本鉄道」では上州生糸の横浜への輸送と、後の中山道経由・京浜—京阪神間鉄道のルートの一部となる高崎、前橋方面へまず線路を伸ばしたのであった。

　明治18年(1885)3月1日に日本鉄道の赤羽—新宿—渋谷—品川間の支線(後の山手線)が開通し、官鉄の新橋駅—赤羽間の直通乗り入れ運転を開始した。

　官鉄の方も、明治10年(1877)に開通していた神戸—京都間の官鉄線と結ぶルートが東海道経由に決定したことにより、関東、中部、近畿の各地で横浜—京都間を結ぶ延伸工事を開始していた。明治22年(1889)4月16日には横浜—長浜間が全通し、長浜—浜大津間は汽船で琵琶湖を湖上連絡して東京—京阪神間がひとまず結ばれた。

　その3ヵ月後の明治22年7月7日に長浜—大津間の線路(湖東線)が開通して、鉄道だけによる新橋—神戸間の「官鉄線」が全通する。そして明治28年(1895)には正式に線名を「東海道線」と決定している(この時はまだ"東海道本線"とは呼称していない)。

　一方「日本鉄道」も、社名どおり全国規模で幹線を建設してゆく方針であったが、緊急の必要路線として明治24年(1890)に上野—青森間の鉄道(後の東北本線、既設線の大宮から分岐)を全通させ、明治31年(1898)8月23日には東北線のバイパス線の機能を持つ海岸線(現・常磐線)の田端—岩沼間、明治35年(1902)4月1日には田端—池袋間の支線(後に山手線の一部となる)を開業している。

　さらに私鉄の「甲武鉄道」が明治37年(1904)8月に飯田町—中野間に電車運転を開始、わが国初の汽車(長距離)・電車(近距離)併用運転を開始している。

　こうした動きの中で、各鉄道路線の東京市

>>> 京浜東北線・根岸線の歴史

内のターミナルが分散していることから不便も多く、欧米都市のように各路線が集まるセントラルステーション（中央停車場）建設の必要性が論議されるようになってきた。すでに明治29年(1896)の議会決定で新橋―上野間を結ぶ新設高架線の途中に「中央停車場」を建設すべきことが可決され、明治33年(1900)に「東京駅」(仮称)の建設に着手していた。

しかし、日清戦争(明治27～28年)、日露戦争(明治37～38年)の主として戦費調達のための資金統制などの影響やインフレ等により、工事は進まずにいた。明治38年(1905)9月5日の日露戦争の戦勝と、明治39年3月31日の鉄道国有法公布（全国主要私鉄17社を買収して国有化するもの。日本鉄道は明治39年11月1日に国有化）等があって、明治41年(1908)から「中央停車場」の建設工事が本格的に進められた。

国鉄各線の電車運転開始と東京駅の建設

「中央停車場」を建設中の明治42年(1909)6月には、一部の長大橋梁を除いて東海道本線の複線化がひとまず完成している。同じ明治42年の12月には、完成後の「東京駅」への乗り入れを想定した烏森（現・新橋駅）―品川―渋谷―新宿―池袋―田端―上野間と、池袋―赤羽間の電車運転も開始された。いずれも後に山手線、赤羽線となるルートである。

さらに同じ明治42年(1909)の10月12日には国有鉄道の正式線路名称が決まり、本線とその支線が明確に分離された。東海道線は「東海道本線」となり、日本鉄道が建設した上野―青森間は「東北本線」となった。

続いて明治43年(1910)6月26日には東海道本線の烏森―有楽町間の高架線が完成して、電車運転区間の延長が行われた。同年9月15日には有楽町―呉服橋（仮駅で現・東京駅日本橋口の西側）の間が延長された。浜松町―烏森―有楽町―呉服橋間の電車線は東海道本線の支線の扱いで、走る電車は上野から新宿、品川を経由してくる山手線の電車だった。

この支線区間は日本で2番目となった高架鉄道(注)で、欧州調の赤煉瓦、アーチ型の「高架線」が建設され、その高架上には東海道本線用の複線（蒸機運転のため非電化）と、山手線および計画中の京浜線電車が共用する直流600Vで電化された複線の、計4本の線路が敷設された。

(注) わが国最初の高架線は、これより6年前の明治37年(1904)に完成した総武鉄道の両国―本所（現・錦糸町）間である。但し煉瓦積みの橋脚に鉄桁を載せた鉄橋方式だった。

明治45年(1912)4月1日には中央本線（旧・甲武鉄道）のターミナル・万世橋駅が完成し、万世橋―名古屋間が全通した（電車併用運転は万世橋―中野間）。この万世橋駅は計画変更によりターミナルとはならず、中央本線は近い将来に東京駅へ乗り入れすることになる。

新しい東京駅が起点となる東海道本線でも、明治43年(1910)から品川―横浜間の複々線化工事を進めていた。

これは明治38年(1905)12月24日に品川―神奈川間を開業した京浜電気鉄道（現・京浜急行電鉄）が、高速運転のインタアーバン（都市間連絡電車）として人気を集め、京浜間の東海道線の利用客をごっそり奪っていたことへの対抗策でもあったが、巨視的には蒸機牽引の東海道本線の長距離客車列車用の線路と、普通電車によってフリークエントサービスを提供する「京浜線」の線路に分離するための工事でも

137

あった。

　この時期までに電車運転が始まっていた山手線、中央線は架線電圧直流600Ｖであったが、「京浜線」は架線電圧直流1200Ｖで建設され、東京(呉服橋)—浜松町間の支線と結ばれた。

　つまり新規に投入される京浜線用の電車は、600／1200Ｖの複電圧装置を有し、東京—品川間は山手線と線路を共用し、品川以南は東海道本線の普通列車の役目を担って横浜に至るという運転計画であった。

　このように電車運転のほうは舞台も役者もほぼ出揃った状況にあった。折しも大正２年(1913)８月１日には東海道本線の新橋—神戸間全線の複線化が完成し、あとは京浜間の複々線化工事と、東京駅建設工事の竣工を待つばかりとなっていた。

有楽町駅と山手線電車。◎所蔵：三宅俊彦

II 大正期(1914〜1925)
東京駅と同時に誕生した都市間連絡電車の「京浜線」

東京駅の完成と「京浜線」の営業開始

　大正３年(1914)12月18日に欧風、鉄筋煉瓦造りの中央停車場が完成した。駅名は「東京駅」と命名された。正式の開業は12月20日からで、輝かしい歴史を持つ初代の新橋駅は、12月20日から貨物専用の「汐留駅」として開業することになった。

　豪壮にして優美な東京駅の駅本屋は丸の内側に建設され、高架上には島式４面８線の乗降ホームが設置されていた。丸の内側から、

　第１ホーム　①②番線：電車線（山手線）
　第２ホーム　③④番線：電車線（京浜線）
　第３ホーム　⑤⑥番線：長距離列車到着線（東海道本線）非電化線
　第４ホーム　⑦⑧番線：長距離列車出発線（東海道本線）非電化線

　４本のホームが並ぶ高架線の東側に広がる地平部分には、東京機関庫(旧新橋機関庫旅客機部門、昭和11年〔1936〕東京機関区と改称、昭和17年〔1942〕品川へ移転)、および客車検修の東京検車所（昭和17年に移転して品川客車区）が設置され、多数の側線が東端の外濠までの間に並んでいた。八重洲口はまだ設置されておらず、開設されたのは15年後の昭和４年(1929)12月16日のことである。

　東京駅が完成した大正３年(1914)12月18日

完成当時の東京駅と山手線電車。◎所蔵:三宅俊彦

は、東京駅―高島町駅(現在の横浜駅と桜木町駅の間に開設された仮設駅。この日に営業開始)の間を走る「京浜線」電車の開業日でもあった。この日はお披露目運転を行い、12月20日から営業運転を開始する予定が組まれていた。18日には京浜線の開通式が行われ、貴族院と衆議院の議員、報道陣を乗せた祝賀電車が東京駅の京浜線ホームから横浜へ向かって発車して行った。

この日に初登場した京浜線用の電車は、それまでの山手線、中央線に投入されていた木製の車体長15m級、車体幅2.5m級のデハ6250形(旧ナデ6100形)などの3扉小型車グループとは違い、2扉で車体長は15.2m、車幅は2.7mで、"大きい中型車"ともいえる最新型電車だった。

そのスタイルは二重屋根、前面はフラットで大きな3枚窓、前面の雨樋は半円形のカーブを描いていて、後の国鉄木製電車の「顔」の原点となったもの。客用扉は前後2ヵ所で、当時としては長距離仕様の電車であり、集電装置にはわが国初のローラー式パンタグラフを備えていた。

その標準的な編成は、デロハ6130形+サロハ6190形+デハ6340形、すなわち、2・3等合造電動車+2・3等合造付随車+3等電動車という3両編成で、2等車(ロ)は現在のグリーン車に相当するものである。中間のサロハは車体長が若干長く、当時の客車に近い16.2m級であった。

しかし2、3等ともに座席はすべてロングシートだったのは、運行距離が短かったためばかりではなく、電車に対する考え方が現在とは違い、客車よりも低い位置に置かれていたことによる。電車は大衆的な2、3等のみで充分であり、1等車やクロスシートはまだ客車にだけ許されるものだったのである。

初日からトラブルが発生した「京浜線電車」

東京駅を出た3両編成の祝賀電車は有楽町、烏森、浜松町、田町、品川へと進んで行った。
東京―品川間(複々線区間)の電車線は、5年前の明治42年(1909)に開通して以来、山手

線の電車が線路を踏み固めていたので快適だった。しかし品川駅を出て完成したばかりの新線区間に入ると、次第に雲行きが怪しくなってきた。

まず車体がひどく揺れ始めた。特にローリング（上下動）が激しかったのは、軌道が固まっていなかったうえに電車自体の重量が大きかったので、線路、枕木が沈むためだった。

その結果、架線からパンタグラフが離反して集電できず、電車はストップしてしまう。架線のほうも山手線や中央線のようなブラケットやスパン線で直接吊り下げたトロリー方式（支持木柱の間隔は27.4mが基準）ではなく、ジーメンス社製のカテナリー方式で、支持鉄柱の間隔が76mと長く、鉄柱間で垂れ下がっている架線を米国GE社製パンタグラフのローラー式集電装置が強く押し上げたために、外れたり絡まったりして、やはり電車は停止する始末だった。

祝賀電車は鶴見駅南方の子安付近で立ち往生し、後続の数本の電車も品川以南の駅間で停車していたことが判明して、騒ぎが大きくなった。並行する東海道本線による代替輸送で何とか切り抜けたが、翌12月19日の新聞各紙には時の鉄道院総裁・仙石 貢の謝罪文が掲載された。

その後もトラブルが発生したため、結局、京浜線電車の開業は延期され、軌道、架線、車両の整備を行うため、12月26日から運転を休止して、京浜間の輸送は東海道本線の列車に委ねられた。

この当時の京浜間の東海道本線の駅は、東京、新橋（Ⅱ代目）、品川、大森、蒲田、川崎、鶴見、東神奈川、神奈川、横浜（桜木町）の各駅で、他に京浜線専用駅の大井町（品川―大森間）と高島町（現在の横浜―桜木町間の横浜寄りに開設された仮駅）の新設2駅があったが、京浜線の運休によりこの2駅も休止となった。

徹底した改修・改良の結果、京浜線は大正4年(1915)5月10日から運転を再開し、休止中の2駅も営業を再開した。その直後の大正4年8月15日にⅡ代目の横浜駅が開業し、初代の横浜駅は「桜木町駅」と改称した。12月、高島町駅は桜木町駅に統合されて廃止となり、京浜線は東京―桜木町間の運転となる。スイッチバック式の桜木町―程ヶ谷（現・保土ヶ谷）間の東海道本線の線路は廃止となった。

通勤電車区間のエリート「京浜線」

開業時に不祥事はあったものの、運転再開後の京浜線は順調だった。東京駅からは15分間隔で3両編成（東神奈川分庫）と2両編成（品川電車庫）の電車が交互に発車して、所期の目的であったフリークエント・サービスを実現していた。

大正4年(1915)12月30日からは京浜線の急行運転を開始した。朝3往復(1往復は不定期)、夕2往復が運転され、浜松町、蒲田、川崎、鶴見の各駅を無停車とした。所要48分（普通は52分）であったが、大正7年(1918)3月31日に廃止となった。

こうした積極策が功を奏したようで、一時は京浜電気鉄道に流れていた利用客を奪い返すことにも成功している。これは品川（現・北品川）―神奈川（現・Ⅲ代目横浜駅の北側に立地）間を走る当時の京浜電気鉄道線に比して、東京―横浜（高島町）間を結ぶ京浜線のほうが利便性に優れていたことの証しでもあった。

「京浜線」という線名も新鮮で、戸籍上は東海道本線の緩行線（各停線）でありながら、「京

>>> 京浜東北線・根岸線の歴史

浜線」という別名（運転路線名）を名乗らせたのも他に例がなく、今日では濫造ぎみの「愛称路線名」の第1号となった。

京浜線は、後の横須賀線、湘南電車なみに華々しく登場しただけに、以後、昭和30年代初頭までの40年間、東京の通勤電車区間のエリート路線としての地位を保ち続けた。国鉄の新型通勤電車はまず京浜線（→京浜東北線）に投入されるのが常識となり、京浜線は常に「新車の宝庫」であった。

大正3年(1914)の開業時に登場した2扉のデハ6340形の系列はその後も増備を続け、大正5年以降デハユニ6450形、サロハ6190形などの同系の新型車を加えていった。3扉の山手、中央線用の車両に比べ、若干車体の大きい京浜線用の諸形式は別格の存在だった。

しかし大正8年度(1919)にメートル法が採用されたのと、当時は東京市外であった山手線、中央線の郊外部の沿線人口が増えて需要が増したこと、京浜線自体も利用客が増したことから、国鉄電車（院電）の車体の大型化、共通化が図られた。

まず大正9年度(1920)に、600Vの山手・中央線用に50馬力、3扉標準車体のデハ23400形、同系のクハ23600形が登場した。1200Vの京浜線用にはそれと同一車体ながら105馬力で京浜線初の3扉車となったデハ33400形、および同系のサロ33200形が登場して、順次3線区の車種統一が進められた。

大正10年度(1921)製からは、山手、中央、京浜線の車両は完全に統一され、デハ33500形とその付随車サハ33750形が量産されて各線に配分されるようになる。京浜線の旧車両(主に中間のサハ)は、都落ちするかのように山手、中央線に転属していった。

大正8年(1919)3月1日には中央線の万世橋駅—東京駅間の複線高架が完成し、中央線と山手線の電車を通し運転にして中野—新宿—東京—品川—渋谷—新宿—池袋—田端—上野間の直通運転が開始された。その経路が平仮名の「の」の字に似ていたので「の」の字運転と呼ばれた。

同時に中央線単独の東京—四ツ谷—新宿—中野—吉祥寺間の電車運転も開始された。この運転開始によって東京駅の①②番線は中央線と山手線の共用となったが、③④番線は京浜線専用として残った。

大正9年（1920）に鉄道院を廃して鉄道省が誕生した。それまでの院電は「省線電車」、略して「省線」「省電」となって、以後この名が長く親しまれるようになる。

関東大震災とその後の発展

ここまで進行したところで、大正12年(1923)9月1日11時58分に関東大震災が発生した。

震源地は神奈川県相模湾沖80km、マグニチュード7.9という巨大地震だった。被害は東京府、神奈川県を中心に千葉県、茨城県、静岡県東部に及び、190万人が被災、10万5千人余りが死亡または行方不明となった。

東京府の場合は東京市内の下町地区の大火災による被害が大きく、神奈川、千葉では液状化による地盤沈下、崖崩れ、地割れなどによる建物の崩壊が多かった。

鉄道の被害も甚大で、破損車両は品川、東神奈川、中野の車庫で計4両、脱線車両は池袋で3両、焼失車両は上野、神田、有楽町—新橋間、新橋—浜松町間、水道橋、飯田町で計31両に達した。

各所の鉄道線路の崩壊と架線、饋電線(架線

141

に電気を供給する線。架線に並行して張ってある)、通信線の損壊は数知れず、京浜線にしぼっても有楽町、新橋、浜松町、神奈川、横浜、桜木町の駅舎が焼失し、山手線では上野、鶯谷、中央線は神田、万世橋、御茶ノ水、水道橋、飯田町の各駅も焼失し、牛込、荻窪、五反田、恵比寿、代々木駅が倒壊または沈下破損した。

赤煉瓦の東京駅本屋に被害はなかったが、東海道本線の到着ホーム5・6番線(現7・8番線)の屋根が崩落し、架線柱と通信線の支持鉄柱が多数倒壊した。

軍隊の協力を得て早急の復旧活動が行われ、電車不通区間はまず蒸気列車で輸送を再開した。変電所の復旧と線路の復旧が進むにつれて蒸気列車を電車に戻して行ったが、完全に電車運転が復活するのは大正13年(1924)7月以降のこととなった。

大震災を契機に、消えたものと新規に登場したものが多数あった。消えたものの一つに、東京―小田原間長距離電車運転の計画がある。

東海道本線・熱海線の東京―小田原―熱海―沼津間の電化計画に合わせて、大震災直前の大正12年(1923)7月に2扉クロスシート、全長17m、最大幅2.8mという木製客車ナハ22000系並みの大型試作電車デハ43200形4両が登場した。電動機は150馬力(100kW)という強力型であった。以後同系のサロ43100形、サハ43550形も登場し、大正13年までに一族33両を新造して運転開始に備えていた。

しかし大震災により東海道本線の電化工事が遅れ、大正14年(1925)に東京―国府津間、大正15年に国府津―小田原間、昭和3年(1928)

東京駅3・4番線(現5・6番線)は山手・京浜線が共用していた。◎所蔵:三宅俊彦

>>> 京浜東北線・根岸線の歴史

に小田原―熱海間の電化が完成とずれ込んだのと、大震災後の輸送事情の変化により、このクラスの大型車両で3扉、ロングシートの車両が必要と判断されて、2扉の長距離電車計画は中止された。

この東海道本線の電車化計画が陽の目を見たのは、第二次大戦後の昭和25年(1950)に登場した80系の「湘南電車」ということになる。

試作電車は京浜、山手、中央線用に大型化された新型電車の床下機器や基本寸法に生かされて、デハ63100系(後のモハ10系)が誕生し、試作車デハ43200形一族も3扉化改造のうえモハ10系に編入された。原型のクロスシート付きデハ43200形の精密な大型模型は、初代鉄道博物館(東京駅高架下)から交通博物館(万世橋)を経て、現・鉄道博物館(大宮)に今も展示されている。

木製電車の大型化とその終焉

関東大震災後の東京市では外周部の田園地帯への人口移動が見られ、山手線の田端―池袋―新宿―渋谷―目黒―五反田方面、中央線の中野―荻窪―吉祥寺方面が住宅地、商業地に、京浜線の大井町―大森―蒲田―川崎―鶴見方面が工業地、商業地、住宅地に変わっていった。

それに伴い省線電車の利用客が増えて、今でいう通勤型ロングシートの車両でなければ多数の利用客がさばけなくなってきた。それに応じて大正12〜14年(1923〜1925)に量産されたのが木製車最後の大型車デハ63100形123両と、サハ33550形140両であった。63100形は100kw電動機、全長17m、車体幅2.8m、1.1m幅の3扉で、扉配置と窓割りはd1D121D121D2という対称型であった。サハ33550形も運転室のない2D121D121D2という完全な対称(シンメトリー)であった。

それ以前の低馬力、小型車体の木造電車のグループ名は昭和初期から廃車と私鉄への譲渡が行われ、63100形のグループとは一部の付随車を除いて運用が分離された。

デハ63100形とサハ33550形は京浜、山手、中央線に配置されて木造省電の最後を飾った。大正末期には鋼製電車の計画が具体化しており、その第1陣として大正15年(1926)にデハ73200形80両、サロ73100形(2等車)4両、サハ73500形25両が登場している。後のモハ30系である。

新しい時代を迎えたわけだが、木製車は一気に消えたわけではなく、鋼製車の30系から戦後の63系に至るまで木製車と鋼製車との共存はこのあと20数年間続くことになる。

大正期の締めくくりとして、以下のことを確認しておいてから昭和期に進みたい。

◎京浜線は大正14年(1925)に1500Vに昇圧された(山手線は昭和3年、中央線は昭和4年に1500V化)。

◎京浜線伝統の2等車の連結は、震災後の利用客増加に伴って半室サロから全室サロに変更となり、やや古い型のサロ33200形と大型車体のサロ43100形(後のサロ18形)が連結された。それが京浜線の木製優等車時代の最後の姿となる。

◎大正14年(1925)11月1日に東北本線の東京―上野―田端間(通称・縦貫線)が開通。これにより「の」の字運転が廃止されて山手線の環状運転が開始となり、京浜線は上野―桜木町間の運転となる(田町―上野間は山手線と線路共用)。中央線は単独運転に戻り、東京駅の1・2番線発着となった。

III 昭和前期 (1926〜1945)
京浜線の黄金時代から戦時体制へ

私鉄(郊外電鉄線)の発展

　関東大震災の復興が進み、新しい都市文化が花開き、郊外に住まいを持ったサラリーマンの文化生活が始まっていた。通勤距離は次第に長くなり、鉄道の利用客はますます増えていった。

　大正期から昭和初年にかけては多数の私鉄が開業して、郊外の発展に寄与していた。ただし関東では省線が基幹路線のネットを先に築いていたので、私鉄の各線はその補助的な路線や短絡路線が多く、省線の強力なライバルとはならなかった。これが都市間連絡の路線が競合し、省線対私鉄、私鉄対私鉄の熾烈な競争を招来した関西との大きな違いである。

　蒸気運転から電化した路線を除いた主な"電鉄線"は、池上電気鉄道(現・東急池上線)、目黒蒲田電鉄(現・東急目黒線と東急多摩川線)、小田原急行鉄道(現・小田急電鉄)、西武鉄道村山線(現・西武新宿線)、東京横浜電鉄(現・東急東横線)、京王電気軌道(現・京王電鉄京王線、軌道線から脱皮)、湘南電気鉄道(現・京浜急行電鉄本線の一部)、京成電気軌道(現・京成電鉄本線、上野─成田間全通)といったところ。

　これを当時の京浜線から見れば京浜、目蒲、池上、東横、湘南の接続駅を持ち、各線からの乗り換え客が増えたことになる。特に蒲田駅の周辺は急速に開発が進み、京浜線を利用するサラリーマンと工場労働者が増加した。当時の蒲田や大森周辺のモダンな文化住宅地や町工場の広がる街、工場地帯、庶民的な繁華街の模様は、蒲田に撮影所があった松竹キネマの作品に多数登場している。

関東大震災とその後の発展

　大正15年(1926)から製造が始まった初の鋼製車デハ73200系は、例によって京浜線にまず投入され、続いて山手線、中央線にも投入された。製造途中の昭和3年(1928)10月1日に車両称号規定の改正があり、次のように新しい形式番号が与えられた(木造車はこの時点における主要形式のみ示す)。

◆木製車　70kw電動機付きのグループ
　デハ6340形・デハ33500形ほか→モハ1形
　サハ6410形ほか→サハ6形(→後にサハ19形)
　　＊このグループは地方線への転出や事業用車への改造、私鉄への譲渡などで急速に数を減らしていった。

◆木製車　100kw電動機付きのグループ
　デハ63100形ほか→モハ10形(10001〜10194)
　サロ33200形→サロ17形(17001〜17010)
　サロ43100形→サロ18形(18001〜18024)
　サハ23600形ほか→サハ25形(25001〜25163)
　サハ33550形ほか→サハ26形(26001〜26148)
　　＊サハ26形の多くは戦前にクハ17形に改造。

　各形式ともほとんどが鋼体化工事を受けて50系電車(後述)に生まれ変わり、戦後まで長く

>>> 京浜東北線・根岸線の歴史

戦前の京浜東北線。左からモハ34+クハ55+サハ36+モハ30形の4連。◎所蔵:三宅俊彦

活躍した。

◆鋼製車 100kw電動機付き、30系のグループ
デハ73200形→モハ30形（30001〜30205）205両
サロ73100形→サロ35形（35001〜35008）8両
サハ73500形→サハ36形（36001〜36045）45両

　初の鋼製車30系は、木製車最後の傑作といえるモハ10系を鋼製車体としたような仕様で、車内の木部はモハ10系とあまり変わりのない木彫の凝ったものだった。

　床面から窓框（まどかまち）までの高さは87cm、窓高さは80cmと腰高で、その比率は木造車に近いものだった。座席の背ずり(seat back)は曲面を持たせた木製横短冊張りで、これも木造車から引き継いだ仕様である。エリート路線・京浜線に投入された2等車のサロ35形は2扉で、扉間にはボックスシートが並び、背ずりはむろん

モケット張りだった。

　台車はモハ10系と同じで、モハ30形はDT10、サロ35形、サハ36形は同系のTR11型台車（広軌化が可能な長軸を使用）であったが、昭和3年製のモハ30形は米国ボールドウィン社製の台車に似たDT11型、サロ35形はそれと同系のTR21型台車に進化しており、乗り心地が改善されている。

続く鋼製車31系の登場と京浜線の赤羽延長、Ⅲ代目横浜駅の開業

　最新型はまず京浜線に投入というのが当時の慣例であったが、昭和4〜6年(1929〜31)には30系を改良した31系が早くも登場して、今度は山手線と中央線に優先的に投入され、続

いて京浜線にも投入された。古絵葉書などで京浜、山手、中央線の電車が30系、31系でそれぞれきれいに揃った編成と、両系列が混結されているものがあるのはそのためである。

　モハ31形（31001～31104）104両
　サロ37形（37001～37012）12両
　クハ38形（38001～38019）19両
　サハ39形（39001～39029）29両

　31系は国鉄初の円屋根を採用し、床面から窓框までの腰板高さを80cm、窓高さを87cmとしたので車内が非常に明るくなり、好評をもって迎えられた。この窓高さの数値が以後の国鉄電車の標準になり、戦後の103系まで継承されている。

　電動機ほかの床下機器は30系と同じであったが、台車はモハ31形がDT11、サロ37、クハ38、サハ39形が軸バネ式のTR23型（スハ32系、オハ35系客車と同じ台車）を標準装備としたため、いずれも乗り心地が良くなった。

　昭和に入ってからの京浜線の施設と運行面を見ておくと、昭和3年(1928)2月1日に東北本線田端―赤羽間の電車線（複線）が完成し、京浜線の運行区間は赤羽―桜木町間（品川―田端間は山手線と線路を共用）となった。

　昭和3年10月15日にはⅡ代目横浜駅が移転してⅢ代目横浜駅が開業した。これが現在の横浜駅である。京浜線は桜木町へ向かう高架線への取付け箇所が未成だったが、昭和5年(1930)1月26日に桜木町への連絡箇所が完成し、Ⅲ代目横浜駅に乗り入れて現在に至っている(横浜駅の変遷についてはP.190コラム参照)。

横須賀線の電車運転開始と京浜線

　大船から分岐する横須賀線は明治22年(1889)6月16日に大船―横須賀間16.15kmを開業した東海道本線の支線で、東京駅から蒸気運転による直通列車を運転してきた。東京と軍港横須賀を結ぶ重要路線として大正5～13年(1916～1924)に複線化を完成し、大正14年には線内の電化を完成して東京―横須賀間の列車は電気機関車の牽引を開始していた。

　昭和5年(1930)3月15日から電車運転を開始して、当初は一般型のモハ30、31系と木製車のサハ25形、サロ18形等が充当されたが、昭和6年度に新設計32系のモハ32形、サロ45形、サロハ46形、クハ47形、サハ48形が投入された。すべてが2扉のクロスシート車で、モハ32形だけが31系と同じ17m車であった他は、省線電車初の20m車として登場した。台車はモハ32形がDT11型、その他がTR23型であった。

　32系は31系の中距離版ともいえるスタイルだったので、正面から見ると京浜線のモハ31形と横須賀線のモハ32形は同じ顔立ちであった。京浜線は開業以来、東海道本線の蒸気列車と複々線の京浜間で追いつ追われつのゲーム？を演じてきたが、ここに来て新たに電車とのレース？が始まったのだった。

　京浜間では横須賀線も東海道本線と同様に停車駅が少なく、東海道本線内の途中停車駅は新橋、品川、横浜、程ヶ谷、戸塚、大船だけであった(程ヶ谷は昭和6.10.1に「保土ヶ谷」と改称)。全列車の川崎停車開始は戦後の昭和34年(1959)2月からである。

　京浜線は東海道・横須賀両線の普通列車としての任務をさらに強めていったが、京浜工業地帯の発展に伴って急増した工場通勤者の輸送を一手に引き受けることにもなった。やがて東海道・横須賀線が停車しない蒲田、川崎、鶴見の各駅は京浜線の輸送によって創出され

>>> 京浜東北線・根岸線の歴史

た工場街、住宅街、繁華街によって大駅に成長していった。

京浜線、大宮に達して「京浜東北線」となる

昭和7年(1932)という年も京浜線にとっては記念すべき変化に富んだ年になった。

まず、昭和7年3月31日には横浜─桜木町間の高架線の海側（現在のみなとみらい21側。当時は三菱重工の造船所が広がっていた）に増設した1線が完成し、京浜線は海側に1線分ずつ移動した。山側の空いた1線は東京横浜電鉄（現・東京急行電鉄）に払い下げとなり、東横線の高島町─桜木町間が単線で延長された（この区間が複線化されるのは戦後の昭和31年〔1956〕10月）。

昭和7年(1932)の9月1日には東北本線旅客線の赤羽─大宮間の電化が完成して、京浜線の電車が大宮まで延長された。これで京浜線は桜木町─大宮間の運転となったが、赤羽─大宮間は東北本線(旅客、貨物線別の複々線)の旅客線で蒸気牽引の客車列車と線路を共用することとなった。

延長区間はまだ駅数が少なく、赤羽─大宮間17.1kmの間に川口、蕨、浦和、与野の4駅があるだけだった。したがって各停の京浜線の電車は過密な東北本線、高崎線の旅客列車の間をぬって高速で走り抜ける必要があり、南の品川─横浜間と同様の高速運転が見られるようになった。こうして昭和30年代まで大宮台地の田畑・雑木林の中を疾走する京浜線の雄姿が見られた。この時期は4～6両編成が標準である。

東北本線の大宮まで路線が伸びたことにより、「京浜東北線」という愛称路線名もこの時に誕生したことになっているが、あまり定着はしなかった。山手線との共用区間や品川─桜木町間では相変わらず「京浜線」が使われており、東北線側の案内や時刻表などに「東北・京浜線」「京浜・東北線」といった表記が見られた程度で、駅の放送や案内標識では「京浜線」の名称が昭和20年代まで生きていた。会話では今も「京浜線」がかなり生き延びている。

この京浜東北線は大宮─東京間が東北本線、東京─横浜間が東海道本線という二大幹線をスルー運転するため、「上り」「下り」が適用できず、内部では桜木町方面行きを「南行」、大宮方面行きを「北行」と称して現在に至っている。が、案内放送や案内標識では南行、北行を使わず、「桜木町方面行き」「大宮方面行き」としている。

昭和7年(1932)には、もう一つ京浜東北線にとって重要な変化があった。この年の10月1日に横浜線（東神奈川─八王子間、42.6km）の東神奈川─原町田(現・町田)間の電車運転が開始され、京浜東北線の桜木町まで乗り入れが開始されたことである。同線は八王子の生糸を横浜港へ運ぶ目的で建設された路線だけに、横浜の港や中心部との連絡は長年の悲願だった。現在も横浜線の列車は根岸線の桜木町、磯子、大船まで乗り入れていて、横浜と町田、相模原、八王子方面を緊密に結んでいる。

京浜東北線に初の20m車「サロハ56形」が登場

変革の多かった昭和7年(1932)はまた、省線電車にとっても画期的な新型車が登場した年であった。

昭和7年(1932)12月1日に大阪鉄道局(大鉄)管内の片町線・片町─四条畷間が電化され、省線電車初の20m、3扉電動車のモハ40形(両

147

運転台)、モハ41形(片運転台)、制御車のクハ55形(同)が登場したのである。箱型車体の洗練されたスタイルで、以後昭和19年に至るまで改良を加えつつ通勤型標準車となる。

続いて関西地区では昭和8年(1933)2月16日に城東線(現・大阪環状線の東半分)が電化され、片町線と共通の40系電車が運用に就いた。このあと昭和9年(1934)7月20日に東海道・山陽本線の吹田(すいた)―須磨間で電車運転が開始された(同年9月20日に須磨―明石間も電車化)。

この区間は大幹線であると共に阪急、阪神といった大私鉄との競争区間でもあったので、20m車で2扉、クロスシートのモハ42形(両運転台)、モハ43形(片運転台)、クハ58形(同)、クロハ59形(同。半室2等車)が一挙に投入され、大阪―神戸間には急行も運転されて好評を博した。

東京地区でも20m車を導入しようという機運は高まっていたが、横須賀線で電動車以外の制御車、付随車を20m化しただけに留まっていた。電車運転発祥の地であるために京浜線、山手線、中央線は17m車に合わせた規格で施設が完備していたため、当分関西並みのオール20m車化は無理であった。

関東では昭和7年度に試験的にモハ41形を17m車に短縮したモハ33形が2両、山手線に登場しただけであった。一瞥(いちべつ)したところではモハ41形のd1D5D5D2という窓割りをd1D4D4D2と短縮し、吹寄せの幅を減らしただけで、80cm幅の明朗な窓も同じだったので、利用客には31系をさらに近代化した最新型と映って好評だった。

昭和8年度(1933)になると、今度は東京鉄道局(東鉄)に大量の新造車が投入された。40系の17m車版モハ33形の増備車で、両運転台型に改めたモハ34形が26両も登場して中央線、赤羽線、横浜線に投入された。これが17m車最後の純新造車となった。

そして昭和8年度には東鉄局にも初の20m車が導入された。大鉄局と同じ40系のモハ40形、クハ55形に加えてサロハ56形(2、3等合造車)、サハ57形(中間付随車)の登場である。例によって京浜東北線に投入されたが、40形、57形の一部は山手線にも配置された。

17m王国に突如現れた20m車であったが、40系だけの揃った編成は組めず、17mの30系、31系鋼製車、10系木製車との混結でデビューした。この20m・17m混成の姿は鋼製車だけになった後も昭和40年代まで続き、関西国電に比べて関東国電が編成美を欠く因(もと)にもなっていた。

戦前の黄金時代を迎える

通勤型の20m3扉の標準車40系は、昭和7年度(1932)から昭和17年度(1942)まで(資材不足から実際には昭和19年まで製造が続いた)の間にモハ40形80両(うち関西配属19両)、モハ41形55両(うち関西14両)、クハ55形96両(うち関西42両)、サロハ56形13両、サハ57形47両、モハ60形126両(うち関西38両)、クハニ67形(半室荷物車)8両、計425両が新製された。戦前の標準的な通勤車両である。

このうち昭和10年度(1935)2次型以降の40、41、55形は前面が丸妻型(半流線型)になり、一段とスタイルが良くなった。翌11年度製は上野―松戸間の電化が完成した常磐線に多くが投入され、同線の電車は一時的ながら関東初のオール20m車の編成になった。

また、昭和7〜10年(1932〜35)の間に御茶ノ水―千葉間を電化した総武本線にもモハ40、41、クハ55形が投入され、木製車を含む17m

京浜東北線・根岸線の歴史

車との混結で活躍を開始していた。

車体の改良は年度を追うごとに進み、40系各形式は昭和12(1937)年度製から張上げ屋根(外板を屋根上まで巻き上げたスタイル)になり、モダンな美しさを増した。昭和14(1939)年度には41形の出力を100kwから128kwに増強して、張上げ屋根、窓帯なしのスタイルで登場し、形式もモハ60形と改めた。同系のクハ55形、サハ57形も同じニュースタイルで出場したが、このスタイルのクハ55形はすべて大鉄局配置となったので、京浜東北線にはモハとサハが配置された。この頃には6両編成になっていたが、14年度型だけで編成を組むと美しい編成となったのに、必ず17m車が組み込まれていたため、またもや関東の編成美はお預けとなった。

京浜東北線には40系の新しい車両が続々と登場し、一部が山手、中央、総武線におすそ分けのように配分されていたが、中央線には昭和10～11年度(1935～1936)に、40系と同スタイルながら3扉セミクロスシート（窓割りはd1D6D6D2）のモハ51形26両が投入されて大好評だった。ただし、モハ40形、17m車の30系、31系、木製車のサハ25形などとの混結だった(51系は昭和25年に関西から横須賀線に来た42系と交換に京阪神緩行線に転出)。

この時期には京阪神地区が東京以上の省電黄金時代を迎えていた。関東からは離れてはいるが、後に何かと関連が出てくるので記しておくと、昭和12年(1937)年10月までに東海道・山陽本線の京都―大阪―神戸―明石間95.1kmが電車化されると、先に登場していた20m2扉、クロスシートの42系電車がさらに増備され、京都―神戸間には急行運転が行われて、昭和11年(1936)には流線型4両固定のモハ52系が登場して喝采を浴びた。

以後、モハ52系は2編成が追加され、関東の横須賀線にも投入するという新聞記事も出たが、実現しなかった。昭和12年には42系ながら52系と同様の側面をもつモハ43形の半流型4連×2本も登場して最高潮に達した。

しかし以後は乗降に便利な3扉セミクロスシートのモハ51形、クハ68形、クロハ69形が昭和11年(1936)以降関西地区に投入される。

有楽町―新橋間の高架を行く山手線電車。右の2線は東海道本線。◎所蔵：三宅俊彦

モハ51形は関東の中央線に登場していたものの改良型で、同系のクハ68形とクロハ69形は関西オリジナルであった。51系は40系と並行して製造され、途中の昭和12年度からは出力アップによりモハ54形となって昭和15年度まで増備された。

クハ65形が大量投入された。50系は関東主体の配置で、戦後は山手、中央、京浜東北、総武、常磐線の他、南武、鶴見、青梅線や、地方のローカル線区に活躍の場を広げたが、20m車王国の関西地区には旧型車最末期の昭和40年代に数両が阪和線に入っただけに終わった。

重宝された鋼体化改造車50系の登場

関東では省線電車の黄金時代とはいえ、多数の木製電車を抱えていたが、老朽化と衝突事故を起こした場合の破損被害が大きいことから、鋼体化改造計画が立てられた。改造は昭和9〜17年度(1934〜1942)に大井工場、大宮工場で行われたが、現車の登場は昭和10〜18年(1935〜1943)となっている。

両数は非常に多く、モハ10形はモハ50形132両に、クハ17形・サロ18形・サハ25形等はクハ65形221両に、サハ25形の一部とサハ26形はサハ75形21両に鋼体化された。

新車体のモデルは昭和8年製のモハ33形であったが、台枠の違いから、50系は33形よりも20cm車体が短くなっており、車端部の側窓幅で調整している。50系の改造工事は進行中の40系の製造と時期が重なっていたので、40系の年度によるスタイルの改良点が導入され、通風器、屋根の改良や変化によって大きく3種に大別できた。

新しい17m車の登場という意味合いもあって50系は30、31系との併結、40系の制御車(クハ)代用などに重宝され、戦後は63系、72系の制御車としても昭和40年代まで重用された。

戦前・戦中に山手、中央、総武、京浜東北に投入されたが、高速運転を行う京浜東北線には電動車のモハ50形はあまり配置されず、

究極の戦時型電車「63形」も京浜東北線でデビュー

昭和12年(1937)の日中戦争開始、昭和13年の国民総動員法発布などにより、日本は戦時体制に入った。

交通関係ではにわかに風雲急を告げるほど戦時色が濃くなったわけではないが、ぜいたくは禁止されて、昭和13年(1938)3月に京浜東北線の2等車が廃止となり、半室2等だったサロハ56形は昭和18年(1943)にサハ57形に編入された。

新製車両も、40系や50系を例にとると、昭和14年度(1939)製から従来の彫りの深い木工(額縁式、またはゴシック彫刻式の工作)が若干簡素化され、昭和15年度製からは車内木工が準戦時型となる。戦後の70系や72系の室内木工の元祖に相当する凹凸の少ないのっぺりした板張りの仕様である。

京浜工業地帯の軍需産業は一層活気を帯び、京浜東北線はますます工場労働者の輸送に追われるようになる。昭和18年(1943)11月1日に開業した新子安駅も、軍需工場の工具輸送のために急遽開設されたもので、新駅の備品類は営業休止となった万世橋駅の物品が活用された。

やがて空襲対策として上空から光が見えないように、国鉄、私鉄の電車の前照灯には庇のような防空カバーが付けられた。武器や艦

>>> 京浜東北線・根岸線の歴史

船製造のため金属類の供出が始まって、電車の金属製扉、つかみ棒、網棚下の帽子掛けなど細々したものまで取り外され、一部は木製の代用品に代えられた。これは省線だけでなく、私鉄も同様の措置がとられた。

昭和18年(1943)11月1日に、長年親しまれた「鉄道省」が改組されて「運輸通信省」となった。同じ省が付くので「省線電車」「省電」「省線」などの愛称に変化はなく、運輸通信省は昭和20年(1945)5月19日に「運輸省」となるが、この時も「省電」の愛称は変わらなかった。

昭和19年(1944)5月から20年9月の間に新設計の戦時型車両が登場した。モハ63形の第1陣である。

- モハ63形(14両)　全車未電装でサハ代用。
- サハ78形(8両)　戦災で3両廃車。
- クハ79形(8両)　戦災で2両焼失、1両は客車に復旧。

この3形式は国鉄初の4扉車で、窓は立席者の通風効果を考慮して3段窓(中段固定のため開閉は上下の窓のみ)、客室天井は鉄骨むき出し、裸電球、椅子は最小限の木製で、背ずりは垂直の板張り(一部車両は座席を大部分省略)、雨樋はなく、扉の上の屋根に「へ」の字型の木製水切りが付いていた。戦争が終わるまで持てばよいという簡素な造りだった。

63、78形は新造だったが、79形は木製車の鋼体化だった。他に横須賀線の2扉車サロハ66形とサロ45形21両が4扉に改造されてサハ78形に編入され、関西のモハ42形5両(うち2両戦災廃車)、43形13両(うち1両戦災廃車)が4扉化されて、モハ42形は改番なし、43形はモハ64形を名乗った。関西のクハ58形を4扉化した14両と、横須賀線のクハ47形2両を4扉化したものはクハ79形に編入された。

度重なる米軍の空襲、そして終戦へ

63系の新車と4扉化改造車は、恒例の京浜東北線最優先でデビューして江戸っ子や浜っ子のド肝を抜いたが、山手線、中央線にも投入されている。それと前後して米軍の空襲が始まって次第に激しくなっていった。

京浜地区への米軍の襲来は、昭和19年(1944)から時おり空襲を受けるようになっていたが、次第にB29型爆撃機、P51型戦闘機が100機、200機、250機…と大編隊で来襲するようになり、東京は終戦までに大小合わせて106回の戦災を受けた。

特に大規模だったのが昭和20年(1945)3月10日の東京大空襲(下町がほぼ全滅)、同年4月15日の城南京浜空襲(京浜工業地帯の羽田、大森、蒲田および荏原地区、川崎が被災)、同年5月25日の山手大空襲(東京の山の手地区と郊外の一部)の3大空襲で、同年5月29日には横浜大空襲があってB29が517機、P51が101機により市の中心部の大半が罹災した。

鉄道の被害も大きく、東京、神奈川、千葉、埼玉に路線と車両基地を持つ省線電車は、度重なる戦災によって計317両の電車を焼失した。特に都市部を走る山手線は池袋電車区が被災して同区だけでも140両を失い、都市間連絡の京浜東北線は蒲田電車区の被災で54両、東神奈川電車区の被災で14両を失い、運行中の途中駅や線路上での被災も17両に達した。

駅の焼失も多く、都内、横浜地区で多数の駅が焼失した。京浜東北線の駅では赤羽、秋葉原、東京、有楽町、田町、蒲田、川崎、東神奈川、横浜(西口のみ)、桜木町の各駅であった。

昭和20年(1945)8月15日。日本は連合国側に無条件降伏して戦争は終わった。

Ⅳ 昭和中期 (1946〜1965)
戦後の荒廃から再び通勤路線の王者へ

京浜東北線に「白帯車」があふれる

　連合国側に無条件降伏して戦争が終わると、日本軍の武装解除と占領軍の進駐が始まり、東京、横浜の旧軍施設と建造物、港湾、高級住宅地などが接収された。特に横浜市は全国の接収地の70％、接収建物の61％が接収され、市の機能はマヒ状態に陥った。返還は昭和27年(1952)以降徐々に行われたが、横浜市の場合はその後も返還が長期間に及び、長らく市の中心部に米軍の施設が広大な面積を占めていたため、復興が進まなかった。

　占領軍は自らに好都合な輸送態勢を逐次指令してきた。

　客車列車は略して、ここでは東京、横浜、埼玉、千葉地区の省線電車の例でいうと、早々に進駐軍の軍人専用の車両を連結せよという要求が出た。中でも沿線に米軍が接収した基地と住宅のある横須賀線、京浜東北線、中央線が重視され、それぞれ「進駐軍専用車」に指定された車両が昭和21年(1946)1月から翌22年12月にかけて登場した。近隣の私鉄では東武、西武、東急(小田原線→小田急)、京急、箱根登山、富士山麓(現・富士急行)にも白帯車が登場した。

　指定車両は横須賀線が2等車のほとんど(その穴埋めには通勤型のサハ57形などを代用2等に充当)、京浜東北、山手、中央、総武線が17m車のクハ65形55両と20m車のクハ55形13両、山手線がモハ63形半室の3両、青梅線のみ17m車の電動車モハ50形の半室8両である。下り向きの先頭に連結されたが、総武線は千葉向きの奇数車(上り向き)、青梅線も立川向きの奇数車となった。多数派のクハ65形は京浜東北線と中央線で半々に分けて連結した。

　当初は1両全室の指定で、30cm幅の白帯に黒文字で「U.S.MILITARY CAR」または「U.S.MILITARY SECTION」と記してあったが、全室を半室に改めてからは「U.S.ARMY SECTION」、さらに米国以外の連合国軍が駐留してからは「ALLIED FORCES SECTION」(略してAFS車)と記すようになった。

　やがて日本にいる外国人と料金を払えば日本人も乗れることになり、その目印として黄色い大きな丸印(イエロー・ボール)が白帯に重ねて塗られたが、これは昭和24年(1949)までには消されている。

　この白帯車は戦前並みに整備されていたが、同じ編成の他の車両はガラスは割られて板張り、扉も抜けて代用の太い棒が打ち付けてある、吊革はちぎれたまま、電球は切れたまま、シートは剥ぎ取られたままという無残な姿で、国民はみじめな思いを募らせた。AFS車の連結列車が多い京浜東北線は敗戦国の苦しみを一身に背負い込んだかのような悲壮感を帯びていて、当時のニュース映画にも度々登場し

>>> **京浜東北線・根岸線の歴史**

白帯車の廃止後は半室2等車になった。◎昭和32年6月15日　撮影：上原庸行

ていた。これは直線の複々線区間が多いため、山手・中央線などより沿線や駅から電車の編成が客観的に生々しく見えたからでもあろう。

　白帯車は少しずつ減ってはいたが、日本再独立を前にした昭和27年(1952) 3月31日に解除され、青帯車(当時の2等車。現在のグリーン車)になった。その時点での両数は、京浜東北線が18両、中央線が17両であった。青帯車も昭和32年(1957) 6月20日に廃止となった。

京浜東北線に63形の大量投入

　昭和20年(1945)から21年にかけては食糧難、住宅の不足、疎開者、海外からの引揚げ者の大都市への帰還が続いて社会は混乱の極に達していた。疲弊した鉄道は資材不足により復興が進まないところへ買い出し客が増えてどの路線も過度の混雑を見せていた。

　車両の不足を補うため、戦時設計の63系電車の量産が計画され、電動車のモハ63形と付随車のサハ78形が川崎車輌、近畿車輌、日本車輌、日本車輌東京支店、汽車会社東京製作所に車両番号を割り当てて分散発注された。実際に車両が登場したのは昭和21年(1946) 6月以降で、以下簡略に製造両数を整理してみると、

昭和21年：モハ63形48両、未電装のサモハ63形22両、サハ78形20両、計90両

昭和22年：モハ63形254両、サモハ63形71両、サハ78形70両、計395両

昭和23年：モハ63形224両、サハ78形12両、計236両

昭和24年：モハ63形51両、サハ78形30両、計81両

昭和25年：モハ63形4両(過剰生産車)、総計806両

　以上が戦後製の63形で、当初は40系の車両が充実していた京浜東北線よりも、17m車や

生き残りの木製車が多く、輸送力不足に喘いでいた中央線、総武線、横浜線(京浜東北線と共用)、常磐線に大量投入され、同様に車両不足に陥っていた横須賀線と関西の城東線・西成線(現・大阪環状線)、京阪神緩行線にも投入されている。

63形は復興促進のため私鉄にも投入され、当時の東急小田原線(小田急)、東武鉄道、名古屋鉄道、近鉄南海線(南海電鉄)、山陽電鉄に各20両(東武は40両)が導入された。これらは各私鉄で生涯を終えた。

63系の電動機は戦前と同じＭＴ30であったが、量産初期にＭＴ40に変わっている。台車は戦前からの軸バネ・型鋼タイプのＤＴ12で量産が開始されたが、これも初期にコロ軸受けのＤＴ13に変わり、横揺れが軽減されている。サハ78は戦前からのコロ軸受けＴＲ36型であった。

電動台車は昭和23年度から鋳鋼台車のＤＴ14（ウィングバネ）とＤＴ15(軸バネ式)が採用され、一段と乗り心地が改善された。これらの変更や新機軸を盛り込んだ車両も真っ先に京浜東北線にお目見えするのが常で、同線の63系は常に新鮮に見え、どのような車両が連結されて来るか、という期待感が持てた。

京浜東北線への63系投入は昭和23年度以降に活発化し、以後はほとんどが同線に投入された。復興が進むにつれて資材の生産も回復してきたので、同じ63形でも昭和21〜22年製は戦時型そのものの簡略な仕様であったが、昭和23年(1948)製から天井板が張られ、一部新型台車が使用されるなどの改良があり、昭和24年製からは雨樋が付き、背もたれに傾斜が付くなど、準戦時型レベルにまで戻り、川崎車輛の見込み生産車を引き取った最終車・昭和25年製の４両(63855〜858)は、後のクモハ73形に近い洗練された仕上げで登場した(73形の実際のモデルになったのは昭和25年12月に登場した事故復旧車モハ63630、63848の２両)。

63系の集中投入により、京浜東北線に戦後まで在籍した17ｍ車や20ｍ車の40系は他線に追われ、昭和24年末頃の京浜東北線はほぼ63系と白帯車のクハ65形(後のクロハ16形)だけに絞られていた。それだけでなく、63系の最新型は京浜東北線に投入し、トコロテン式に初期型を他線に送り出していた。そのため中央線や総武線の63形(三鷹、中野、津田沼電車区所属車)は、京浜東北線との交換や調整により昭和21〜22年度製の初期車が多数集まって、かなり見劣りがした。関西配置の63系は昭和25年(1950)に調整が行われ、多数が関東に移動して中央、総武線などに転入している。

復興が進むにつれ、昭和25年には湘南電車80系、翌26年には横須賀線用70系が登場して、戦中戦後の酷使に耐えてきた在来車は、昭和24年度から忠実に原型に復元する「更新修繕Ⅰ」が開始されて美しくなっていった。

ブドウ色1色からカラー化への試み

ここで京浜東北線関連のエピソードを挟んでおく。

昭和22年(1947)１月に、荒廃した車両に少しでも気持ちよく乗ってもらおうと「色見本電車」が登場した。

クハ65ＡＦＳ車(赤茶)＋モハ60(黒緑)＋モハ60(黄緑)＋サハ57(濃黄緑)＋未電装サモハ60(緑褐)＋モハ60(青緑)(蒲田電車区)

という色見本編成で(色彩の漢字表記は弓削進「国電復興物語」鉄道ピクトリアル32号所載他による)、京浜東北線のあと山手線、中央線

>>> 京浜東北線・根岸線の歴史

と移動して好みの色を公募したが全体に暗い色調だったためか不評で、そのままに終わった。

昭和22年度には川崎車輌製でジュラルミン製の車体を載せ、蛍光灯を試用したモハ63形3両、サハ78形3両の編成が蒲田区に入り、話題を呼んだ。銀色車体に緑帯1本のいでたちだったが、リベットや汚れ、腐食が目立ち、後に塗装されたうえ昭和29年(1954)に全鋼製の73系900番代に改造された。

昭和23年(1948)春から誤乗防止のため、山手線を濃緑に塗り変えはじめた。当時の東急や名鉄に近いダークグリーンで、田町―田端間の京浜東北線との共用区間での誤乗を予防しようとしたもの。山手線だけの塗り変えと思いきや、京浜東北線には何両かの濃紺塗りの車両が登場した。しかし当時は車両事情から転属が多く、山手と京浜東北の色が入り乱れて、かえって誤乗を招く始末になり、翌年廃止された。

その余波で中央線や常磐線に転じた緑色や紺色の63系が昭和26年(1951)頃まで走ってい

た。その昭和26年から28年にかけては大宮工場からクハ65形が濃いオレンジ色（煉瓦色）になって続々と出場してくる不思議も見られた。理由は今も不明である。

これも誤乗防止のためだが、昭和22年(1947)頃から車両の幕板部、戸袋窓に「山手」「京浜東北」のラベルのようなものを表示するようになった。しかし、貼っていない車両や、転属によってあったりなかったりで乱れていた。徹底したのはホーロー製の小板を扉間の幕板にビス止めするようになった昭和25年半ばからである。これも転属や横浜線との共用(東神奈川区の車両)などで次第に混乱して、山手線にカナリヤ色の101系が導入された昭和36年(1961)からこの名札は不要となって自然消滅した。

昭和24年(1949)6月1日に公共企業体「日本国有鉄道」が発足して、長年親しまれた省線電車(省電)は「国鉄電車」「国電」になった。しかし昭和30年代になっても省線と言う人が少なくなかった。

資材不足で未電装だったモハ63形の多くはクハ79形100番代に生まれ変わった。◎東京　昭和31年5月20日　撮影：江本廣一

国電発足の年の年度末には京浜東北・山手線は2分30秒間隔、中央線が3分間隔となり、車両事情もかなり良くなっていた。昭和25～26年になると戦前型の更新Ⅰも進み、国電の復興も一段落した観があった。

編成は京浜東北・山手線が基本5連、付属3連、中央・総武線が基本5連、付属2連(中野電車区所属車は6連、付属なし)となっていた。

桜木町事故と63系の大改造

ひとまずの復興が終わった観もあったが、それを打ち破ったのが桜木町の大事故であった。

昭和26年(1951)4月24日、京浜東北線桜木町駅に進入しようとした京浜東北線南行の1271B電車(63系5両編成、赤羽発桜木町行き)が、工事中で垂れ下がっていた架線に先頭車モハ63形のパンタグラフが絡まり、火花が63形の木製布引き屋根、天井塗料に引火、一瞬のうちに屋根から車内木部に燃え広がった。先頭のモハ63756は全焼、2両目のサハ78144は半焼して死者106人、重軽傷者92人を出す大事故となった。

この大惨事は、電力関係の不手際と、63形の絶縁不良、3段窓(中段が固定式で上下しか開かない)、ドアコックの操作が明示されていなかった、貫通扉はあったが幌の設置はなく、内開き式のため逃げる乗客の圧力で開けられなかった、等々の原因が明らかになって、急遽63形だけでなく国鉄電車のすべてに連結面の貫通幌の整備と、天井に不燃塗料を塗る工事が行われた。これは2ヵ月以内に完了している(戦前から貫通幌を使用してきたのは横須賀線と関西の東海道・山陽線だけだった)。

続いて突貫工事で63系の車体改造が開始された。大井、大宮、豊川、吹田の国鉄工場のほか日本車輌東京支店、汽車会社東京製作所、東急横浜製作所(→東急車輛)が改造にあたり、モハ63形はモハ72形(運転室なし電動車)、モハ73形(運転台付き電動車)、サハ78形・未電装サモハ63形はサハ78形(付随車)、未電装クモハ(サモハ)63形はクハ79形100番代に改造された。

工事内容は、電気系統の絶縁強化、車内の木部新製、3段窓の中段上昇化改造、天井の鋼板張りと不燃性塗料の天井塗装、鋼製プレスドアに取り替え、ドアコックの位置明示、雨樋の取り付け等々で、車内見付けも昭和16年度(1941)のモハ60形もしくは製造中の横須賀形70系の見付けに近いものとなった。文字通りの突貫工事で、昭和26年(1951)秋から28年秋までの短期間に完了している。

63系の最多配置路線である京浜東北線には続々と工場から戻ってきた72・73系が増えて見映えが良くなっていったが、これは中央、総武、山手線および関西地区でも同じであった。

新72系の登場と「京浜東北線最優先」の終焉

72・73系の登場でひとまず車両改善が終わった頃の他区線に目をやると、湘南型80系、横須賀型70系の新製が続いていて、年度ごとに洗練されたスタイルに進化していた。改造を終えたとはいえ、次第に通勤型72・73系との間には格差が生じつつあった。

混雑解消のため車両増備の必要もあって、63系改造工事が進行中の昭和27年度(1952)から、京浜東北線に登場したのが新製車のモハ72形500番代、クハ79形300番代であった(基幹となる運転台付の73形の新造はなかったの

>>> 京浜東北線・根岸線の歴史

で、ここでは以下「新72系」と呼ぶことにする）。

　台車は並行して増備中の湘南型80系、横須賀型70系と同じＤＴ17型が新72系、ＴＲ48形が新クハ79形に装備された。車体外観は70系と共通する4扉車となり、63形で若干低くなっていた雨樋位置も戦前型や70系と同じ高さに戻っていた。惜しむらくは3段窓が旧63系から引き継がれたことで、満員時の通風効果を上げるためと釈明された。クハ79形300番代の前面は、初期車こそ63形改造のクハ79形100番代と似ていたが、昭和28年度からはＨゴムの使用と、凹みと傾斜を付けた窓に変わり、後の101系、103系の顔立ちへの道を開いた。

　この新72系も京浜東北線でデビューを果たして、続々と同線に投入された。昭和28年度からは、山手、中央、総武線と、一部関西地区にも投入されるようになった。

　復興が終わり、東京への人口集中が始まった昭和20年代末になると、中央線や総武線沿線のベッドタウン化が急速に進み、中央線が東京一の混雑度を示すようになってきた。それに次ぐのが総武線であった。

　その解決策として中央線では昭和30年度に10両編成化を進め、新72系を大量に導入するようになった。そのため、昭和29年度を最後に、新車は中央線が最優先に変わり、大正3年(1914)の開業時から真っ先に新車を入れてきた京浜東北線は、以後11年にわたって新車の導入が途絶えることになった。通勤電車のランク付けは①中央線、②山手線、③総武線、④京浜東北線、⑤常磐線と変わり、以後の新車導入はこのサイクルで進められることになる。

　新72系は、昭和27〜32年度（1952〜57）にモハ72形500番代が219両、山用低屋根型の850番代が15両、全金製920番代が44両、クハ79形300番代が179両、全金製920番代が33両、計490両が製造された。ほとんどが中央線と総武線に入り、京浜東北線には少数の投入だった。

　31年度以降は台車がＤＴ20Ａに変わり、鋼板屋根に変わるなどの改良があり、集大成として全金属車体の920番代車が最後を飾った。その車体デザインの一部は次世代の101系に受け継がれている。

長期の72系時代を経て103系時代を迎える

　昭和24年(1949)から続いていた田町―田端間の山手線と京浜東北線の分離工事が完成し、昭和31年(1956)11月19日から分離運転が開始された。ただし当分は列車の減る日中は山手線（工事の際は京浜東北線）の線路を使う共用運転だった（P.174コラム参照）。

　新72系の最終増備が終わった同じ昭和32年(1957)の12月から、中央線で101系(登場当時は90系)が営業運転を開始した。オレンジ色の斬新なデザインの新性能車で、国鉄初のカルダン駆動車であった。すぐに量産型の製造が始まり、中央線は昭和33年から3年にわたって101系の大量増備が続いて72系との置き換えが完了した。

　当然、中央線(三鷹区)在籍の72系は他線区への転出が行われたが、その転出先は17m車との置き換えを始めた山手線、40系や63系改造の72系との置き換えを行う総武線(担当は中野区と津田沼区)がほとんどで、その他赤羽線、常磐線、関西地区への転属が行われた。が、京浜東北線への転入はごくわずかで、かなり遅れて総武線経由で少数が流れて来た程度に終わった。

　昭和36年(1961)からカナリア色の101系が

157

103系投入が進んでいた頃の京浜東北線南行電車。◎撮影：小川峯生

　山手線に投入され、旧型車の淘汰や転属が開始された。昭和38年にはさらに経済車として設計されたウグイス色の103系試作車8連1本が登場し、翌昭和39年(1964)5月からは8連の103系量産車が急ピッチで山手線に投入された。同線の101系は総武線に転出し、中央線の橙色、山手線の黄緑色、総武線の黄色というラインカラーの設定が始まった。

　昭和39年(1964)5月19日には根岸線・桜木町―磯子間が開通して、京浜東北線(8連)と横浜線(4・6連)が乗り入れを開始している。両線とも車両は72系、横浜線は一部40系であった。根岸線は昭和48年(1973)4月9日に大船まで全通、丘陵地帯に築かれたニュータウンや団地の重要な足となり、京浜東北線の事実上の延長区間となった。

　昭和39年10月1日には東海道新幹線が開業し、同年10月10日〜24日には東京オリンピックが開催されて、東京には多数の観客、観光客が国内外から押し寄せた。国鉄、私鉄、公営交通ともに駅や車内に装飾を施したり、新幹線と五輪大会にちなんだ協賛広告類が並んで華やかであった。

　そうした中にあって、都心を走るブドウ色の京浜東北線は著しく見劣りがした。その頃には63系改造の72系もかなり疲労度を増しており、当時の東鉄局の保守技法によって車体外板はべこべこ、車内は真っ黒になった木部のニス、荒い手塗りによる薄暗い天井などが痛々しかった。少数派の新72系も初期車が多く、すでに鮮度を失っていた。

　並走する東海道本線には153系、111系、113系、横須賀線にも111系、113系が走っており、東北本線・高崎線には165系と115系が続々と投入されていただけに、京浜東北線が一時代遅れている印象は否めなかった。当時最新鋭の103系が投入されたのはオリンピック開催から1年後のことであった。

COLUMN
よんさんとう改正による3複線化

　いわゆる「よんさんとう」と呼ばれる昭和43 (1968)年10月1日改正で赤羽―大宮間の3複線化が完成し、京浜東北線、東北・高崎の列車線、貨物線に分離された。それまでは東北・高崎線の列車は京浜東北線と線路を共用しており、ほぼ平行ダイヤでこの区間を走り抜けていた。もちろんそれだけでは線路容量が飽和状態になるので、貨物列車のない時間帯は、東北・高崎線の列車が貨物線を経由することも多かった。

　昭和42年10月号と昭和43年10月号の時刻表を見くらべて、そのへんの事情を考察してみよう。昭和42年当時、京浜東北線の赤羽―大宮間の所要時間はだいたい23～24分程度。そして東北本線・高崎線の赤羽―大宮間の所要時間は、18～25分とややばらつきがあるが、おおむね23～24分程度。すなわち京浜東北線とほぼ同じである。このことから京浜東北線と線路を共用していたことがわかる。ただし朝の通勤時間帯の上り列車や急行列車、日中の一部の列車は赤羽―大宮間を18～20分前後で走破しており、これらは京浜東北とは平行ダイヤでない貨物線を経由していたのではないかと推察できる。また特急列車は上野―大宮間を27分程度で走破しており、上野―赤羽間の距離を考慮すると、やはり貨物線を経由して京浜東北線電車に邪魔されずに走破していたことが想像できる。

　国電と中距離電車の分離が完成した昭和43年10月号の時刻表を見ると、京浜東北線の赤羽―大宮間の所要時間が23～24分と変わらないのに対して、東北・高崎線の列車は15～18分前後と大幅にスピードアップしている。これは改正前に貨物線を経由していた列車と同等かそれ以上であり、専用線の使用がいかに時間短縮に寄与しているかがよくわかる。また余裕ができたのか、朝夕の一部列車を中心に、途中の浦和停車(ホームを新設)も実現している。

　筆者もその昔、西川口に親類があったために、この区間の列車にときどき接していたが、確かに記憶をたどれば、昭和43年改正以前は、中長距離列車が京浜東北線を走ったり、横の貨物線を走ったりと両方存在していた。鉄道雑誌によく紹介されているような、京浜東北線の駅をEF57などに牽引された夜行列車がゆっくりと通過していったのも覚えている。今から思えば信じられないような線路の使用方であるが、当時は目いっぱいの設備を使って増え続ける電車・列車をさばいていたのである。

(木村嘉男)

交通公社の時刻表昭和42年10月号(左)と昭和43年10月号

V 昭和後期 (1965～1988)
スカイブルーの京浜東北線の時代へ

京浜東北線、103系最多の王国になる

　昭和40年度(1965)から山手に続いて京浜東北線にもスカイブルー（空色または水色）の103系の投入が始まり、11年ぶりに新車が入って息を吹き返した。

　まず8両編成で投入され、その後すぐ10両編成(7＋3。後に10両固定編成も登場)となる。昭和45年(1970)10月以降に中央線、総武線から101系50両が転入して103系と共通運用が行われた。これは旧型車72・73系の配置が余りにも多いために、103系への置き換えに時間がかかることから、少しでも新性能車を投入することにして、ダイヤ改正の折に捻出された中央線、総武線から助っ人として101系10両編成×5本を京浜東北線に転属させたものである。かつての同線では考えられない措置であった。

　多数の両数を必要とする京浜東北線、山手線に103系の投入が続いている間にも常磐線・阪和線(昭和43年)、京阪神緩行線・大阪環状線(昭和44年)、中央快速線(昭和48年)と、他線区にも103系の投入が行われ、大量生産が続いていた。

　昭和46年(1971)4月19日に京浜東北線の72系旧型車の運行が終了し、根岸線も含めて新性能の103系と助っ人の101系に統一された。しかし「青い101系」は103系に交じって京浜東北・根岸線でよく働いていたものの、京浜東北線のＡＴＣ化が具体化したため、施工不可能な101系はお役御免となり、昭和49～53年(1974～78)に南武線へ転出していった。

　東神奈川―大船間に乗り入れる横浜線も昭和47年10月2日から103系(水色)の7連に統一された。昭和49年度(1974)からは103系の冷房車が入り、昭和50年度から既存車の冷房化改造が開始された。

横浜線も103系化完了

　しかし、車両の調整による移動が活発化して、山手色と京浜東北色が入り混じった編成が見られるようになり、ラインカラーの乱れが目につくようになる。また、事故対策として運転密度の高い山手・京浜東北線には従来のＡＴＳ(Automatic Train Stop)に代わってＡＴＣ(Automatic Train Control)を導入することになり、昭和48年度(1973)からその搭載準備のできた高窓のクハ103形を含めた編成が登場するようになった。このタイプの車両を先頭に出すため、編成の組み替えが行われ、他線区との間で盛んに車両交換が行われて、車両の大移動は関西の各線にまで及んだ。京浜東北線としては終戦直後に次ぐ車両の総入れ換えであり、スタイル統一に関わる興味の尽きない一時期であった。

　京浜東北線、根岸線のＡＴＣは昭和56年(1981)12月に大宮―蒲田間、昭和59年1月に

>>> 京浜東北線・根岸線の歴史

蒲田―大船間で使用を開始した。その後、多少の車両の移動はあったが、103系としては最も充実した時期を過ごしてゆく。京浜東北線の103系は10両編成×81本、横浜線の103系は7両編成×24本となり、先頭車はすべて高窓のクハ103形で固定された。車両移動の過程で横浜線は水色、黄緑が入り混じった時期があり、混色編成の絵本やオモチャまでが現れるという滑稽もあったが、次第に黄緑に統一されて同線のラインカラーになった。

Ⅵ 平成期(1989～　)
新世代車両と上野東京ラインの登場で新しい時代へ

205系の登場と国鉄民営化

　京浜東北、根岸、横浜線が103系で統一され、そのカラーがすっかり定着した頃に、次世代車両のチョッパ制御の省エネ車201系が昭和54～60年(1979～85)に中央線、総武線、関西の京阪神緩行線に登場し、好評を博していた。

　一方、昭和59年度(1984)には早くも国鉄初のオールステンレス車で、1段下降窓(最初の4編成は2段上昇・下降のユニット窓)、ボルスタレス軽量台車を採用した経済車205系が山手線に登場した。

　量産体制で山手線の103形を置き換えつつ、昭和60～61年(1985～86)に10両編成34本(黄緑帯)と、京阪神緩行用の7両編成4本(水色帯)が登場したところで、昭和62年(1987)4月1日の「国鉄民営化」の日を迎えた。JR北海道・東日本・東海・西日本・四国・九州・貨物の7社がスタートして、話題の多かった関東と関西間の国電車両の転属や交換などの異動は、この日をもってピリオドが打たれた。

　スタートしてからしばらくは各社とも独自性は出せず、旧国鉄のシステムや技術を引き継いでいた。緊急を要する通勤電車の増備には205系が継続増備されて、昭和62年～平成2年(1987～90)にJR〔東〕の山手線(10連×20本)、横浜線(7連×25本)、南武線(6連×31本)、埼京・川越線(10連×23本)、中央・総武緩行線(10連×2本)、京浜東北線(10連×6本)、京葉線(10連×12本)、武蔵野線(8連×5本)、相模線(500番代、4連×13本)、およびJR〔西〕の阪和線(1000番代、4両×5本)が量産された。

　これを京浜東北線関係に絞ってみると、平成元年(1989)2月に横浜線の103系が引退して205系化されたのに比して、京浜東北・根岸線用には10月に205系60両が投入されただけで、いかにも少数であった。

　平成2年(1990)にラッシュ時に対応した画期的な6扉車、205系のサハ204形900番代2両が山手線に登場、平成3年に山手線にその0番代51両が組み込まれ、同線は11両化された。続いて横浜線にも6扉車サハ204形100番代26両を挿入して8両化された。しかし205系が少

数派の京浜東北線には投入されなかった。

京浜東北線に超エコノミー新系列列車209系が登場

　103系に代わる205系は少数に終わった京浜東北線だが、平成4年(1992)に新系列の試作車901系10連×3本が登場し、5月から京浜東北・根岸線で試用を開始した。A編成は川崎重工製、B編成は東急車輛製、C編成は川崎重工とJR大船工場製(2両)である。

　この209系は国鉄以来の通勤電車の概念を覆すもので、重量・価格・寿命を半分に抑え、VVVFインバータ制御による高出力と電動車比率の引き下げ、メンテナンスフリーによる保守費の軽減など、画期的な改革が盛り込まれていた。車体は軽量ステンレスで側窓は1枚ガラスの固定窓、内装はパネル式またはモジュール化による簡素な組立て、座席は片持ち式バケットシート、液晶ディスプレーによる案内表示などが斬新だった。

　コストを下げるために、車体の構造と工作法はメーカーに一任され、見付け等の多少の違いは容認された。台車はボルスタレスのDT61型(電動車)、TR246型(制御車、付随車)で、メンテナンスフリーのエコノミー型であった。

　京浜東北・根岸線用の量産車・209系0番代は平成5～12年(1993～2000)に製造され、その途次の平成8年からサハ209形1両を増備新製の編成に送り込んで、6扉車サハ208形1両ずつ組み込まれた。最終的には浦和電車区に209系の10両編成×78本、計780両が配置された。試作車3編成を加えると81本、計810両となり、209系の早い老朽化が進んでくると、その補充として中央・総武緩行線から209系

500番代(車体幅を2,950mmに拡大)が50両投入され、一部を置き換えた。

　その他、209系は平成5年(1993)に南武線にも6連×2本が投入され、平成8年3月には電化成った八高線・川越線(八王子—高麗川—川越)用に209系3000番代の4連×4本が登場している。なお、209系0番代の同系車には平成8年(1996)開業の第3セクター・東京臨海高速鉄道の07-000形がある。

　利用客の多い京浜東北線の209系については賛否両論があり、"居酒屋の下馬評"では、余分な設備や修飾を省いた現代的なデザインの効用を認める評価と、205系よりも小揺れが多く、椅子が硬い、カーテンを省略した開かずの窓からの陽射しが熱い、車内の見付けが安っぽい等々、ソフト面の評言が聞かれた。

　平成17～18年(2005～06)に1両4カ所の窓開閉可能化工事が行われ、非常時停車中の車内空気の流動性を改善した。しかしその直後から209系の廃車と更新改造を施しての転属が開始されるのである。

　平成18～20年(2006～08)にE233系が中央快速線に登場し、続いて京浜東北線にもE233系1000番代が投入されて平成19年(2007)12月から運用を開始した。209系の廃車が始まり、平成22年(2010)1月24日に京浜東北・根岸線の209系は運行を終了した。平成21～25年(2009～13)に後期製の車両を主体に機器を更新して6連×26本を209系2000番代、4連×42本を209系2100番代に改めて房総・北総地区のローカル電車用として再活用をはかった。

　京浜東北線でのパイオニアとしての働きは終えたが、209系は以後の新系列車両の基本となり、E217系、E231系、E233系、E531系などの後継車が生まれて改良が進み、私鉄の東急、小田急、相鉄、横浜高速などにもE231系、

>>> 京浜東北線・根岸線の歴史

E233系と共通する機器・車体を持った同系車が登場している。

E233系 1000番代の時代に

京浜東北・根岸線に投入されたE233系は平成19年(2007)12月から3年間にわたって10両編成83本、計830両が浦和電車区に投入され、209系と交代した。

E233系はE231系をさらに改良した最新型で、機器面では電気機器、保安装置、ブレーキ制御、扉の開閉など主要機器を二重系化し、一方が故障しても運転可能とした。運転保安面では、ATCは平成15年(2003)・21年(2009)に大宮―大船間がD-ATC化(Dはデジタル化)され、東京圏輸送管理システムATOSは平成10年(1998)に使用開始済みとなっていた。

E233系のソフト面では、車内には空気清浄器の設置、シート幅の拡大による座り心地の改善、扉上の液晶ディスプレイの大型化、荷棚の低位置化、吊り手の掴みやすさなど、ユニバーサルデザインに基づいた快適な設計となっている。床面高さもレール面上1130mmとして、電車用ホームの高さ1100mmとの段差を減らしてある。台車は電動車がDT71、制御車・付随車がTR255で、209系、E231系に比べて振動が少ない滑らかな乗り心地に改善されている。

京浜東北・根岸線用はスカイブルーの帯を巻き、ラインカラーを維持しているが、非常にすがすがしい印象で、東海道本線、東北本線(宇都宮線)、横須賀線などと並走しても、きりっとした存在感を示している。

E233系と同じ機器、車体は東急、小田急、相鉄の新型車両にも登場し、将来を見すえた首都圏私鉄の車両標準化の推進に寄与している。

E233系は京浜東北・根岸線の1000番代の他に、常磐緩行線に2000番代、東海道・宇都宮・高崎線に3000番代、京葉線に5000番代、横浜線に6000番代、埼京・川越線に7000番代、南武線に8000番代が登場している。中央快速線、京浜東北・根岸線を含めて、今後、末長くの活躍が続くことであろう。

京浜東北線の近未来

平成27年(2015)3月に東京―上野間の連絡線を復活させた「上野東京ライン」が開通すると、上野止まりだった東北本線・高崎線・常磐線と東海道本線の一部中距離電車との相互直通運転が開始される。従来上野から都心部へは京浜東北線を利用していた遠距離通勤客がかなりそちらに移行するものと考えられる。京浜東北線の東北部分にはかなりゆとりが生ずるとの予測が出ており、早くも余剰となるE233系の転属先を考える向きもある。

しかし一時的な変動はあっても、こまめに停車していく生活路線としての京浜東北線の存在を脅かす要因はなく、営々として築き上げてきた確固たる地位は維持するものと思われる。E233系の末永き活躍と同線の貢献度を維持・向上されることを願っている。

COLUMN
昭和63(1988)年3月　快速電車運転開始

　京浜東北線といえば、南は東海道本線、北は東北本線、高崎線に対して各駅に停車する緩行電車の役割、逆に言えばこれらの本線が京浜東北線に対して快速電車の役割を果たしているような運行体系が長く続いていた。しかし昭和63(1988)年3月13日のダイヤ改正では、日中のみではあるが、京浜東北線にも快速電車が運転されるようになった。

　当時、JRはちょうど1周年を迎えるところで、青函トンネルの開通と翌月に控えた瀬戸大橋の開通で、JRグループ発足以来初の全国的なダイヤ改正が行われたのであった。寝台特急「北斗星」のデビューを始め、話題の多い華やかなダイヤ改正になった。そのような中で、首都圏では京浜東北線の活性化という名のもとに、快速電車の運転が開始されたのである。停車駅は大宮から田端までの各駅と上野、秋葉原、東京、田町から大船までの各駅で、山手線と並行する都心部分に通過駅が設定され、この間山手線が各駅停車の役割を持つことになった。

　ただ待避設備が設けられて追い抜きが行われるような形ではなく、おおむね10時30分頃から15時30分頃に田端・田町を発車する全列車が快速運転となった。そのため各駅停車から快速電車に移行する(あるいはその逆)前後数本の列車は、時間調整や間隔調整が行われ、順次平行ダイヤに移行するような形となった。所要時間は快速区間でおおよそ5～6分の短縮となり、利用者には好評をもって迎えられた。また快速運転時間帯の途中通過駅では、京浜東北線側ホームの一部にロープが張られるなど誤乗防止にも対策がとられた。

　その後平成14(2002)年7月14日の改正で、浜松町が停車駅に加えられ、現在に至っている。これはJR東日本グループとなった東京モノレールへの乗り換え駅として、空港利用客などの利便性を考慮したものである。それに伴い所要時間は若干伸びた。

　また快速運転開始以来、年末年始の数日間(年によって異なる)は、全列車が終日各駅停車となる特別ダイヤとなるが、これはアメ横などの買い物客の利便性を考えたもので、現在でも行われている。

　いよいよ平成27(2015)年3月、上野東京ラインが営業開始となり、中距離電車や常磐線電車が京浜東北線と並行して運行されるようになる。ラッシュの緩和だけでなく、京浜東北線自体がこれらの線区に対してどのような役割を果たしていくのか、今後も見守っていきたいものである。

(木村嘉男)

JTB時刻表　昭和63年3月号(左)と平成26年12月号(右)。

Chapter 4

Train that ran the Keihin Tohoku, Negishi Line

京浜東北線の車両

　開通時から京浜東北線には常にまとまった両数の新型車両が投入されてきた。従って長い歴史の割にはこまごまとした変化は少なく、10～20年の間隔で車両の総入れ替えが行われてきた線区と言えよう。その大きな区切りとしての大正期の木製車、昭和戦前期の17m・20m 3扉車、戦後の4扉車、新性能の103系、新系列の209系、E233系などの足跡をたどってみた。

国鉄大井工場付近を走る73系。◎撮影：沢柳健一

撮影：沢柳健一

木製車
モハ10系
大正12年〜昭和18年
(1923〜1943)

木製車時代の
最終形式

　明治〜大正期に多数登場した木製省電の最終グループで、大正12〜15年（1923〜26）に量産された。車体の寸法は大型木製客車ナハ22000系とほぼ同寸の17m車。3扉ロングシートの通勤タイプで、同系にクハ17（サハ26形のクハ化改造）、サロ18形（京浜線用の2扉2等車）などがあり、京浜・山手・中央線に投入された。車内の見付け等は初の鋼製車モハ30系に近いものがあった。大型化による車体の緩みから昭和10〜17年度（1935〜42）に鋼体化され、モハ50、クハ65、サハ75形となって戦後まで活躍した。写真は山手線用。

撮影：沢柳健一

30系
昭和3年〜昭和20年代初め
(1928〜1947頃)

省電最初の
半鋼製車

　初の鋼製車として昭和3〜4年（1928〜29）にモハ30形205両、サロ35形8両、サハ36形52両が量産された。車体はモハ10系を鋼製車にしたような二重屋根、腰高で、リベットが目立った。京浜線優先で投入され、2等車で2扉のサロ35形も京浜線用だった。山手・中央線にも少数が配置された。戦災で多数を失ったが、戦後も活躍を続け、改番、円屋根改造でモハ10系、クモハ11系100番代として昭和50年代まで長寿を保った。京浜東北線では40系、63系に押されて戦後早い時期に他線に転じた。

◎モハ11211　昭和28年9月4日
撮影：鹿島雅美

31系
昭和4年～昭和20年代初め
(1929～1947頃)

省電最初の円屋根車

　30系の改良型で、初の深い円屋根車となった。昭和4～7年(1929～32)にモハ31形104両、サロ37形12両(京浜線用)、クハ38形19両、サハ39形29両が新製され、今回は木製車の比率が高かった山手線、中央線、京浜線の順に投入された。30系に比べてぐんとモダンになっ たが、車内の木工はモハ10系以来のゴシック調だった。30系とともに京浜線の主力となったが戦中、戦後は40系、63系に追われる形で山手、南武、鶴見線などに転出し、11系200番代となって、昭和50年代まで活躍した。写真は山手線用。

昭和28年11月5日
撮影：田部井康修

40系
昭和9年～昭和23年頃
(1934～1948)

京浜東北線黄金期の名車

　20m3扉車の40系(モハ40形・41形・60形、クハ55形、サロハ56形、サハ57形、モハ60形、クハニ67形。一族の計425両)は昭和7～19年(1932～44)に製造され、関東、関西の各線に投入された。京浜東北線にはサロハ56形を皮切りにモハ40形(両運)・41形(片運)、60形(41 形の出力強化型)、クハ55形、サハ57形(56形改を含む)が大量配備され、40系の黄金期を築いた。戦後は63形の大量投入により昭和23年頃から順次他線に転出した。40系そのものは昭和40～50年代まで日光線、阪和線、大糸線、宇部線などで長寿を保った。

167

◎クハ16547　昭和29年頃
撮影：亀井一男

50系
昭和9年〜昭和25年頃
（1934〜1950）

木製10系の
鋼体化改造車

　モハ10系木製車が老朽化してきため、昭和9〜18年（1934〜43）に40系17m車のモハ33形とほぼ同型車体に鋼体化したもの。モハ50形（後のクモハ11形400代）が132両、クハ65形（後のクハ16形400代）が221両、サハ75形（後のサハ17形300代）21両が誕生し、山手、中央、総武、京浜東北、常磐の各線に投入された。京浜東北線にはクハ65形が多く、戦後の米軍専用白帯車に多数が指定された。一般用の50系は昭和25年頃までに他線に転出したが、指定車は昭和26年の解除後半室2等車になり、昭和32年6月の2等廃止まで在籍した。

◎モハ63300
撮影：沢柳健一

63系
昭和19年〜昭和28年
（1944〜1953）

戦時設計の
超簡素な車両

　戦争末期の昭和19〜20年（1944〜45）に登場した戦時型で、初の4扉と3段窓を採用。京浜東北、山手、中央線にまず投入され、終戦後の昭和21年から生産を再開、昭和25年までにモハ63形688両、サハ78形141両、クハ79形8両、計837両を新製して復興に貢献した。関東では当初、中央、総武、常磐、京浜東北、横須賀線に投入されたが、やがて京浜東北線に集中的に配置され、中央、総武線がそれに次いだ。63系は年度ごとに改良が加えられ、京浜東北線には真っ先に最新型が投入されて、桜木町事故直後まで63形の王国が続いた。

◎クハ79172　昭和39年2月14日
撮影：沢柳健一

73系

昭和26年〜昭和46年
(1951〜1971)

生まれ変わった戦時型63系

　昭和26年(1951)4月の桜木町事故を契機に粗製の63形の改造工事が始まり、モハ63形を中間電動車のモハ72形290両、運転台付きのモハ73形281両に改造、サハ78形はオリジナル＋未電装63形で159両、クハ79形はオリジナル＋未電装63形で84両に改造された。工事は昭和28年度末(一部は29年度)に終了し、通勤型国電は面目を一新した。改造後も63系時代の車庫に戻っていった車両が多かったので、京浜東北、中央、総武、山手の各線は見違えるほど美しい編成となった。京浜東北線には昭和46年(1971)4月まで在籍した。

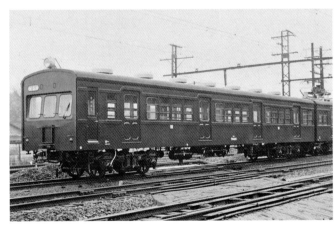

◎クハ79420　昭和30年11月30日
撮影：沢柳健一

新72系

昭和27年〜昭和46年
(1952〜1971)

完成度の高い半鋼製通勤型

　63系を73系に改造を進めている間にも各線とも混雑度を増してきたので、昭和27(1952)年度から63系の後継車としてモハ72形500番代、クハ79形300番代の製造が開始された。並行して製造中の横須賀型70系と共通する工作が多く、完成度の高い通勤型となった。製造は昭和31年度までの4年間にモハ72形234両、クハ79形179両が量産された。このシリーズも京浜東北線から投入されたが、昭和30年以降は通勤客が急増した中央線、総武線優先になり、京浜東北線には少数の投入に終わった。昭和46年(1971)4月に103系と交代した。

169

◎クハ103ほか
撮影：沢柳健一

103系
昭和40年〜平成10年
（1965〜1998）

スカイブルーの京浜東北線に

　昭和38年(1963)に山手線に登場したウグイス色の103系は、昭和40年度から京浜東北線にもスカイブルーの塗色で登場し、以後33年間にわたって京浜東北線の主役を務めた。103系は当線のあと常磐線、阪和線、京阪神緩行線、中央西線、総武線、福知山線などにも投入され、昭和59年(1984)までの長きにわたって量産が続いた。そのため800両を超える京浜東北線配属車には改良型やＡＴＣ搭載による高窓化車両など、変化に富んだスタイルが揃い、103系全盛期には最も興味深い線区となった。209系と交代し、平成10年(1998)に引退した。

◎クモハ100-18　昭和49年5月26日
撮影：沢柳健一

101系
昭和45年〜昭和53年
（1970〜1978）

中央線からの助っ人

　旧型72系の両数が多い京浜東北線の新性能化を促進するため、昭和45年(1970)にダイヤ調整で浮いた中央快速線の101系50両を京浜東北線に転属させた。オレンジからスカイブルーになった101系は最初にして最後であった。京浜東北・根岸線では103系と共通運用され、103系に比べて軟らかめの乗り心地が乗り巧者(乗り鉄)に好まれた。山手・京浜東北・根岸線のＡＴＣ化が迫り、101系の車体ではそれが不可能なため、昭和53年(1978)に南武線へ転出した。

撮影:沢柳健一

205系
平成元年〜平成8年
(1989〜1996)

初の軽量ステンレス車、京浜東北・根岸線では少数派

　中央快速線、中央・総武緩行線に投入された省エネ電車201系の後継車で、国鉄初の軽量ステンレス、1段下降窓を採用した経済車。国鉄末期の昭和60年(1985)に山手線、京阪神緩行線に登場し、昭和62年(1987)4月の国鉄民営化後も製造が続行され、阪和、横浜、南武、中央・総武緩行、京浜東北、京葉、相模、武蔵野の各線などに投入された。このうち京浜東北・根岸線用は10連×6本とごく少数だった。103系と混用されていたが、209系の登場で平成5年(1993)および8年に中央・総武緩行線、埼京線に転出して当線での活躍が終わった。

撮影:沢柳健一

901系
平成4年〜平成10年
(1992〜1998)

新系列車両の試作車

　新系列の通勤型電車の試作車として、平成4年(1992)に901系10連3本が登場した。A編成は川崎重工製、B編成は東急車輌製、C編成は川崎重工(うち2両はJR大船工場)製であった。VVVFインバータ制御をはじめ、機器、車体関係もすべて従来の国鉄、JRの方式を捨てて、軽量化、メンテナンスフリーを極力推し進めた車両となった。京浜東北線で試験的に使用し、平成5年(1993)から量産車の209系の製造が開始された。

171

◎所蔵：フォト・パブリッシング

209系
平成12年〜平成20年
(2000〜2008)

新系列車両の量産第1陣

　平成4年(1992)に登場した新系列通勤型の試作車901系の量産型で、平成5年4月以降に209系が京浜東北・根岸線、南武線、八高・川越線に投入された。京浜東北・根岸線には総数780両が投入され、途中から6扉車も組み込まれた。製作の合理化、省エネ、軽量化、メンテナンス性向上、VVVFインバータ制御による電動車減数などが行われ、陳腐化防止のため車齢は10年余とされ、E217、231系等の始祖となる。当線の場合は平成22年(2010)に運用を終了し、326両が房総・北総地区に、15両が南武線に転用された。八高・川越線では今も現役。

所蔵：フォト・パブリッシング

209系 500番代
平成12年〜平成20年
(2000〜2008)

0番代引退時の助っ人

　京浜東北・根岸線のD-ATC設置工事中の予備車確保、209系0番代の引退開始による運用数確保のため、中央・総武緩行線から209系500番代（0番代の改良型で、機器類と性能は0番代と同じ、車体はE217系に準じた車体幅2,950mmの広幅車）を借り入れたもの。平成12〜19年(2000〜07)の間に10連×5本が入線して0番代と共通運用された。E233系の導入により役目を終え、平成20年に1本は古巣の三鷹区へ、4本は京葉区に転じて8連化のうえ武蔵野線用になった。

◎運転初日のE233系　上野駅
平成19年12月22日
撮影：沢柳健一

E233系 1000番代

平成19年〜
(2007〜)

新系列車両の最新版

　209系の改良型E231系のさらなる改良型として中央快速線系統に平成18〜20年（2006〜08）に投入されたのがE233系0番代。続いて平成19〜22年に京浜東北・根岸線にもE233系1000番代が830両投入されて209系と交代した。E233系もVVVFインバータ制御の省エネ車だが、車体強度を増し、走行機器の二重構造化により不慮の事故に備えたほか、優れたデザイン性、ゆとりのある車内設計の導入等々で新系列車両の大幅な質的向上が図られている。続いて常磐・東海道・東北・高崎・京葉・横浜・埼京・南武の各線にも投入された。

◎昭和34年1月2日
撮影：小川峯生

クモニ13形

昭和28年〜昭和59年
(1953〜1984)

脇役の名優・荷物電車

　関東の国電区間の荷物電車は、戦前から木製モハ10形の改造による初代モニ13形が使われていたが、老朽化により戦後の昭和23年（1948）・25年に40系17m車のモハ33形、34形15両をモニ53形に改造して交代した。昭和27・28年には残っていた木製モハ10、モニ13形を鋼体化した17両が加わった。昭和28年の改正で両群はモニ13形（後にクモニ13形13002〜16、21〜37）となり、山手、京浜東北、中央、総武、横浜線に顔を見せていた。荷電の廃止により昭和54〜62年（1979〜87）に順次廃車となった。

COLUMN
「京浜急行線計画」と山手・京浜東北線の分離工事

　昭和一桁もその末になると通勤ラッシュがひどくなり、山手・京浜線が線路を共用する東京―品川間の混雑が目立つようになった▼打開策として東京駅改良工事とリンクして東京―品川間に東海道線用の複線を増設し、浮いた複線に京浜線（急行＝現・快速のみ）、横須賀線が乗り入れ、従来の山手・京浜線の線路と併せて3複線とする計画が浮上した▼昭和11年(1936)に着工となり、すでに用地を入手済みであった海側に東海道本線の複線を建設し、昭和17年(1942)に完成した。この新線と山手・京浜線の間に残った旧線は一旦線路を撤去して、京浜急行線に転用するための補修工事が開始された▼京浜急行線計画の一環として、浜松町駅では山手・京浜線用のホームを1本追加、品川―田町間には東海道本線を乗り越えるための複線高架、田町駅では京浜線が山手線を乗り越えるための土盛りが建設されていた。しかし戦局の悪化で工事は全て中止となった▼戦後は田町電車区内に残った未成の高架線、田町駅北側の土盛り、田町―有楽町付近の旧東海道本線の線路跡が残され、新橋駅と浜松町駅には旧山手・京浜線用のホームが上屋を撤去した姿で1本ずつ放置されていた▼昭和24年(1949)に山手・京浜東北線の分離工事に切り替えて、京浜急行線計画で残された線路敷、旧ホーム等が生かされることになった。浜松町駅の荒れた旧ホームに建立された小便小僧もホームが復活する日を迎えることに▼山手・京浜東北線の分離工事は昭和31年(1956)11月19日に完成し、田町―田端間は山手・京浜東北線の方向別複々線となった。田町―東京間は上記のようにして完成、東京―上野間は線路増設、鶯谷―田端間は上野の山を削って分離工事を完成させたものだ▼工事途中の昭和29～31年には上野―有楽町間に常磐線の電車が朝夕乗り入れていた。列車線を使って新橋駅まで乗り入れる東北・高崎・常磐線の通勤列車は、昭和21～48年(1946～73)の長期にわたって続いていた。

◎有楽町　昭和28年9月4日　撮影：鹿島雅美

Chapter 5

Shitetsu railway lines, public transportation lines

沿線の私鉄・公営交通

環状運転の山手線ほどではないが、東京、横浜を縦断する京浜東北・根岸線も多数の民鉄線・公営交通と接続、交差している。都市間連絡路線に都市交通路線の性格も併せ持った京浜東北・根岸線のエリアの広さもこれら多数の路線との共存共栄に負うところが大きい。ここでは大宮方からスタートして大船に至る間に接する全路線を途中下車して眺めてみた。

京急品川駅を出発する海水浴特急三浦海岸行　◎撮影：吉村光夫

東武鉄道野田線

【京浜東北線との接続駅】大宮　【区間】大宮〜船橋
【駅数】35(起終点駅を含む)　【開業年月日】明治44年(1911)5月9日
【路線距離】62.7km　【軌間】1067mm　【最高速度】100km／h

　明治44年(1911)に千葉県営鉄道として柏—野田間を開業。大正12年(1923)に北総鉄道に譲渡、昭和4年(1929)に総武鉄道と改称、一部電化。昭和5年に大宮—船橋間が全通した。昭和19年(1944)に東武鉄道と合併し、昭和22年に全線の電化が完成。東武では本線、東上線に次ぐ長大路線で、沿線の開発に伴って部分複線化が進み、現在複線区間は43.0kmに達している。車両は旧型車の後3000、5000、8000系と続き、現在は10030系と野田線用の新車60000系が登場している。愛称路線名は「東武アーバンパークライン」。

旧塗分け時代の32系。

10030系(左)と8000系(右)。

埼玉新都市交通伊奈線 (ニューシャトル)

【京浜東北線との接続駅】大宮　【区間】大宮〜内宿
【駅数】13　【開業年月日】昭和58年(1983)12月22日
【路線距離】12.7km　【軌間】側方案内式　【最高速度】60km／h

　新幹線に沿って大宮—内宿間を走る新交通システム「ニューシャトル」は、大宮駅北部の高架線上で東北・上越新幹線が分岐するため、沿線市町の住宅地が分断される見返りとして建設されたもの。大宮駅は新幹線ホームの下のループ線上にあり、大宮—丸山間が東北・上越新幹線を挟んで高架上を並行する複線、新幹線分岐点の丸山駅に本社、車庫がある。丸山—内宿間は上越新幹線に沿っての単線となっている。沿線は住宅と田園で、通勤通学客が多い。大宮から1駅目が鉄道博物館駅で、入館者で賑わっている。

新幹線に沿って走る1100形。

東京メトロ南北線

【京浜東北線との接続駅】王子
【区間】目黒～赤羽岩淵
【駅数】19　【開業年月日】平成3年(1991)11月29日
【路線距離】21.3km　【軌間】1067mm
【最高速度】80km／h

南北線オリジナルの9000系。

平成12年(2000)9月の全通後、当線は東急目黒線(目黒―日吉)、埼玉高速鉄道(赤羽岩淵―浦和美園)と相互直通運転を行っており、また、東急目黒線と相互直通運転を行っている都営三田線とは目黒―白金高輪間が当線と線路共用のため、上記各線では各社の車両が見られてバラエティーに富んでいる。各線ともATOによる自動運転を行っているが、運転士は乗務している。各駅のホームには東京の地下鉄では初のフルスクリーンタイプのホームドアが設置されており、天井近くまでの背の高い扉と戸袋窓が壮観。

埼玉高速鉄道の2000系が乗り入れてくる。

都電荒川線

【京浜東北線との接続駅】王子　【区間】三ノ輪橋～早稲田
【停留場数】30　【開業年月日】昭和49年(1974)10月1日
【路線距離】12.2km　【軌間】1372mm　【最高速度】40km／h

都電の廃止旋風が吹き荒れた昭和40年代に生き残った唯一の路線。開通は古く、明治44年(1911)8月20日に王子電気軌道が飛鳥山―大塚間を開業したのが始まりで、三ノ輪橋―早稲田、王子駅前―赤羽間の路線が全通していたが、戦時買収で東京市電(→東京都電)の一員になり、現在の路線が生き延びた。存続が決まってからは大事にされて、新車も多数入り、荒川線として親しまれている。三ノ輪橋―王子駅前間が下町、飛鳥山―早稲田間が山の手だが、後者には「山の手の下町」も多く、巣鴨の地蔵通りはその代表的なものだ。

都内の都電廃止前の27系統は今の荒川線の一部。

東京メトロ千代田線

【京浜東北線との接続駅】西日暮里　【区間】綾瀬―代々木上原
【駅数】18　【開業年月日】昭和44年(1969)12月20日
【路線距離】24.0km　【軌間】1067mm　【最高速度】80km／h

　千代田線はＪＲ常磐線の綾瀬―取手間、小田急電鉄の代々木上原―唐木田間(急行)・本厚木間(準急)の相互直通運転を行っている。大手町、霞ヶ関などの都心部を経由するため利用客が多く、通勤客のために北千住―小田急線の間に小田急ロマンスカーの運転を開始、地下鉄初の有料特急として好評で、箱根湯本への特急も運転されている。常磐線の車両は代々木上原まで、小田急の車両は綾瀬までで、3社を通して走るのは千代田線の車両だけだが、3社による3社間の直通運転を計画中である。

初期に投入された東西線と同じ5000系。

千代田線の顔となった斬新な6000系。

京成電鉄本線

【京浜東北線との接続駅】日暮里
【区間】京成上野～成田空港
【駅数】42　【開業年月日】大正元年(1912)11月3日
【路線距離】69.3km　【軌間】1435mm
【最高速度】110km／h

700形と旧特急改造のステンレス車の編成。

　成田山新勝寺への参詣客と通勤客が主体であったが、成田空港の開港後は空港への連絡鉄道としての性格を強めてきた。平成22年(2010)7月17日に開業した「成田スカイアクセス」(成田空港線)は北総鉄道経由で都内と空港第2ビルを最速で結ぶ路線。特急スカイライナーが北越急行と同じく在来線最高の160km／hで高速運転を行い、日暮里―空港第2ビル間を最速36分、京成上野―成田空港間を最速41分で結んでいる。ＪＲ線から京成線に最も乗り換えが便利な日暮里駅は、空港連絡にふさわしい2層式ホームに改築されている。

初代AE形「スカイライナー」。塗色変更後。

日暮里・舎人ライナー

【京浜東北線との接続駅】日暮里・西日暮里
【区間】日暮里～見沼代親水公園
【駅数】13 【開業年月日】平成20年(2008)3月30日
【路線距離】9.7km
【最高速度】60km／h

尾久橋通りの日暮里駅—見沼代親水公園間の都バス(里48系統)だけに頼っていた地区に開業した新交通システム路線。案内軌条式で、尾久橋通り頭上の高架線を走る。ＡＴＯによる自動運転だが運転士は乗務している。車両は「ゆりかもめ」クラスの小型軽量車体の5連で、初期にはクロスシートだったが、利用者が多いため増備車から一部クロスのロングシート車となり、初期車も統一された。沿線はほとんどが住宅地で、隅田川、荒川を単独の橋で渡る。舎人公園駅周辺の広大な公園の地下に車庫がある。全線の所要は20分。

新交通システムの小型車体が行く。

荒川を渡る5車体のライナー。

東京メトロ銀座線

【京浜東北線との接続駅】上野・神田・新橋 【区間】浅草～渋谷
【停留場数】19 【開業年月日】昭和2年(1927)12月30日
【路線距離】14.3km 【軌間】1435mm 【最高速度】65km／h

わが国最初の地下鉄として昭和2年(1927)12月に東京地下鉄道が上野—浅草間を開業、昭和9年(1934)に新橋まで全通。東京高速鉄道が昭和13年(1938)に渋谷—新橋間を開業し、相互乗り入れを開始した。昭和16年(1941)に帝都高速度交通営団として1本化され、戦後「銀座線」となる。平成16年(2004)4月に民営化して東京地下鉄(東京メトロ)となる。都内の一等地を結ぶ黄金路線だが、歴史が古いだけに車両が16mの小型車の6連で、やや窮屈。現在、開業時の黄色塗装をラッピングで復元した1000系を増備中である。

長年続いた明るいオレンジ色の2000形の6連。

アルミ車体にオレンジ帯の01系。

東京メトロ日比谷線

【京浜東北線との接続駅】上野・秋葉原　【区間】北千住〜中目黒
【停留場数】21　【開業年月日】昭和36年(1961)3月28日
【路線距離】20.3km　【軌間】1067mm　【最高速度】80km／h

　開業と共に地下鉄初の私鉄(東武鉄道伊勢崎線)との相互直通運転を開始。昭和39年(1964)8月の全通以後、東急東横線との相互乗り入れも開始。最終的には東武側は東武動物公園駅まで、東急側は菊名まで3社相互乗り入れが実現していた(3社間を直通する列車は日比谷線車両のみ)。都心部を縦貫する直通路線のない東武側の利用客が多く、東急側は平成13年(2001)の目黒線開通で本数を減らし、平成25年(2013)の副都心線開通に伴い日比谷線乗り入れを終了した。東武側は南栗橋まで相互直通区間を延長している。

地下鉄初のステンレス車として登場の3000系。

世代交代で登場の03系アルミ車。5扉車もある。

都営地下鉄大江戸線

【京浜東北線との接続駅】御徒町・浜松町
【区間】都庁前―光が丘
【駅数】38　【開業年月日】平成3年(1991)12月10日
【路線距離】40.7km　【軌間】1435mm
【最高速度】70km／h

　都庁前―清澄白河―月島―新宿―都庁前―練馬―光が丘と6の字型に走る環状線で、都庁前行き内回りが所要81分、光が丘行き外回りが80分、鉄輪式リニアモーター方式のミニ地下鉄で、16m車の8連。ＡＴＯによる自動運転だが運転士は乗務している。車両断面はかなり小さく、車内の吊し広告は斜めに下げてある。新しい路線の宿命で地中深くに建設されたため、どの駅もホームが深く、乗り換え駅ではかなりの移動が必要。ＪＲ線、私鉄線との接続駅が38駅中24駅、都営地下鉄線との接続駅が7駅あり、利便性に優れている。

ミニ地下鉄らしく床面が低く、背も低い。

首都圏新都市鉄道
(つくばエクスプレス)

【京浜東北線との接続駅】秋葉原　【区間】秋葉原〜つくば
【駅数】20　【開業年月日】平成17年(2005)8月24日
【路線距離】58.3km　【軌間】1067mm　【最高速度】130km／h

独特の面構えだが、側面は日立タイプ。

　研究学園都市、国際会議観光都市つくばと東京を結び、沿線の都市計画に基づく市街地建設と、常磐線の混雑緩和のために設立された第3セクターの高速鉄道。都内は地下線、それ以外は高架、掘割の完全立体交差。秋葉原—守谷間は直流1,500V、守谷—つくば間は交流50Hz20,000V、車両も直・交直流の専用車に分けている。ATO(自動列車運転装置)による自動運転だが、運転士は乗務しているワンマン運行で、全駅にホームドアが完備している。沿線は田園風景と建設が進む新市街地が程よい調和を見せている。

新製車がJR武蔵野線205系と並んだところ。

東京メトロ丸ノ内線

【京浜東北線との接続駅】東京
【区間】池袋〜荻窪
【駅数】25　【開業年月日】昭和29年(1954)1月20日
【路線距離】24.2km　【軌間】1435mm
【最高速度】75km／h

　戦後初の新線で、赤い車体に白い帯、両開き扉などが新鮮だった。現在はアルミ車体に赤帯の02系が池袋—荻窪間の丸ノ内線と、中野坂上—方南町間の支線(3.2km)が運転士乗務の自動運転で、ワンマン化されている。銀座線とは赤坂見附で接続しているが、丸ノ内線は18m車、車体幅2.8mなのに対し、銀座線は車長16m、車体幅2.6mと小柄なため、丸ノ内線経由で中野工場への入出場はできるが、丸ノ内線車両は銀座線に入れない。赤塗りの500系はブエノスアイレス地下鉄に多数が譲渡されて今も健在。

赤い車体で人気のあった300〜500系。

東京メトロ有楽町線

【京浜東北線との接続駅】有楽町　【区間】和光市～新木場
【駅数】24　【開業年月日】昭和49年(1974)10月30日
【路線距離】28.3km　【軌間】1067mm　【最高速度】80km／h

　埼玉県南西部と東京都心を結ぶ通勤路線として開業。小竹向原を境に東武東上線の森林公園まで、西武池袋線の飯能までと相互直通運転を行っており、小竹向原―池袋間は副都心線と複々線の形になっている。ＡＴＯによる自動運転だが運転士は乗務している。車両はメトロが7000系と10000系、東武が9000系、9050系、50070系、西武が6000系で、3社とも一部を除き副都心線と共通使用している。小竹向原以西では副都心線を介して乗り入れてくる東急、横浜高速の車両も加わって東武、西武線内もバラエティーに富む。

有楽町線に乗り入れる西武6000系。

有楽町線に乗り入れる東武9000系。

都営地下鉄浅草線

【京浜東北線との接続駅】新橋・浜松町
【区間】押上～西馬込
【駅数】20　【開業年月日】昭和35年(1960)12月4日
【路線距離】18.3km　【軌間】1435mm
【最高速度】70km／h

　押上側では京成電鉄、北総鉄道と、途中の泉岳寺では京浜急行電鉄との相互直通運転を行っている。京成電鉄は成田空港、京急電鉄は羽田空港を沿線に持つため、両社の優等列車は浅草線と両空港を結ぶものが多い。列車種別は両社間相互のエアポート快特・快特、京成側のアクセス特急・通勤特急・快速、京急側の特急、エアポート急行が浅草線から直行している。使用される車両は局・3社とも貫通扉付きの通勤型であればＯＫなので、都営が5300形1形式の他は3社の多様な形式が顔を見せていて眺めるだけでも楽しい。

1期生の5000形。整ったスタイルだった。

アルミ車5300形。車内がゆったりしている。

ゆりかもめ

【京浜東北線との接続駅】新橋
【区間】新橋〜豊洲
【駅数】16　【開業年月日】平成7年(1995)11月1日
【路線距離】14.7km
【最高速度】60km／h

　東京臨海新交通臨海線として開業したが、平成10年(1998)4月に愛称名の「ゆりかもめ」に改称した。側方案内式、ゴムタイヤの新交通システムで、ATOによる自動運転を行っている。短い車体の6連で、7000形に始まり現在は7300形が主力。新橋から汐留シオサイトを経て、レインボーブリッジを渡り、お台場海浜公園、台場、船の科学館、テレコムセンター、青海、国際展示場正門駅と進み、豊洲に至る。東京の新しい景観の連続で、文化、スポーツ、レジャー、商業施設がぎっしり。乗ってみるだけでも楽しめる路線だ。

編成番号が前面に大きく記してある。

東京モノレール

【京浜東北線との接続駅】浜松町　【区間】浜松町〜羽田空港第2ビル
【駅数】11　【開業年月日】昭和39年(1964)9月17日
【路線距離】17.8km　【最高速度】80km／h

　開通当初は中間に駅が無く、運賃も高額だったので利用客が少なかった。運賃値下げと中間駅を開設の結果、沿線に企業が増え、通勤客が増えて経営も好転した。平成14年(2002)2月にJR東日本の傘下に入り、乗り換えがスムーズになる。ライバルは京浜急行電鉄。対抗策として平成19年3月には昭和島駅にモノレール界初の待避線を開設、空港快速、区間快速の運転を開始した。ちなみに東京モノレールは浜松町—羽田空港第2ビル間を空港快速で19分、京急は品川—羽田空港国際線ターミナル間を11分で走破している。

大量輸送を行うため車体はかなりの大型。

都営地下鉄三田線

【京浜東北線との接続駅】田町　【区間】目黒～西高島平
【駅数】24　【開業年月日】昭和43年(1968)12月27日
【路線距離】26.5km　【軌間】1067mm　【最高速度】75km／h

都営6号線として昭和43年(1968)12月に巣鴨―志村(現・高島平)間を開業、以後延長を重ねて昭和48年11月に三田まで開通した。都心部を経由する理想的な路線ながら他線との接続がわるく、地下鉄のローカル線などと呼ばれていた。平成12年(2000)9月26日に三田―目黒間が開通(目黒―白金高輪間は東京メトロ南北線と線路共用)して、東急目黒線と相互直通運転を開始した。車両は6000系が長らく働いていたが、平成11年以降は6300系が引き継いでいる。全駅ホームドア完備、ATO使用のワンマン運転である。

三田線の一期生6000系。東武東上線と相互乗り入れの案があったので、東武8000系に似た顔をしていた。

京急電鉄本線

【京浜東北線との接続駅】品川・横浜　【区間】泉岳寺～浦賀
【駅数】50　【開業年月日】明治32年(1899)1月11日
【路線距離】56.7km　【軌間】1435mm　【最高速度】120km／h

京浜急行は自社線内の高速運転と快特、特急など優等列車の頻発運転と、都営浅草線、京成電鉄、北総鉄道との相互直通運転で品川―羽田空港、成田空港―羽田空港間を結ぶ快特、エアポート快特にも力を入れている。そのダイヤ、高速運転、洗練された車両などは関西私鉄に近いもので、ひとたび京急のホームに入ると、目まぐるしい列車の往来と、特急、急行、普通列車のスムーズな連携で時間の無駄なく目的駅に到着できる。京浜東北線とはつかず離れずの関係に留まり、真の競合相手は横須賀線と東海道本線である。

昭和5年に京急タイプを樹立したデハ230形。　　昭和30年代～平成まで活躍した旧1000形。

東急電鉄大井町線

【京浜東北線との接続駅】大井町
【区間】大井町〜二子玉川
【駅数】15　【開業年月日】昭和2年(1927)7月6日
【路線距離】10.4km　【軌間】1067mm
【最高速度】95km／h

東急初のステンレス車5200系も活躍した。

　昭和2年(1927)7月に東急電鉄の前身・目黒蒲田電鉄の大井町線として開業、昭和4年12月に二子玉川まで全通した。戦後は沿線の住宅が増え、輸送力を増強していたが、田園都市線のバイパスとして活用されることになる。それまでの中型車から東横線、田園都市線と同じ20mの大型車が導入され、平成21年(2009)7月には田園都市線の溝の口まで延伸し、この区間は同線と方向別複々線化された。短路線ながら急行運転もあり、8500系、9000系5連のほか、急行用の6000系6連が活躍している。

6000系。東急ステンレス車の基礎を築く。

東京臨海高速鉄道
(りんかい線)

【京浜東北線との接続駅】大井町　【区間】新木場〜大崎
【駅数】8　【開業年月日】平成8年(1996)3月30日
【路線距離】12.2km　【軌間】1067mm　【最高速度】100km／h

70-000系はJRの209系とよく似ている。

　新木場―東京テレポート間に完成していた京葉貨物線の施設を利用して平成8年(1996)3月に臨海副都心線として開業、平成12年に「りんかい線」と改称、平成14年に全通し、埼京線との相互直通運転を開始した。りんかい線が70-000系10連、埼京線が205系10連(現在はE233系7000番代)で、埼京線の快速、通勤快速はりんかい線内では普通となる。山の手の副都心渋谷から17分、新宿から23分、池袋から28分で臨海副都心の台場地区を最速で結んでいる。大崎―大井町間、国際展示場―新木場間を除いて地下線である。

相互乗り入れのJR埼京線205系。

東急電鉄池上線

【京浜東北線との接続駅】蒲田　【区間】五反田〜蒲田
【駅数】15　【開業年月日】大正11年(1922)10月6日
【路線距離】10.9km　【軌間】1067mm　【最高速度】80km／h

　日蓮宗池上本門寺の門前鉄道および土地開発を目的に開業した池上電気鉄道が起源。昭和9年(1934)10月に目黒蒲田電鉄(現東急電鉄)に合併した。関東大震災後、沿線は田園地帯から急速に郊外住宅・商業地に発展したため、戦後は沿線人口が伸び悩みとなり、長らく「都会のローカル線」的存在になって、中古車王国の観を呈していたが、現在は新造車7000系も入り、ワンマン運転による3両編成の電車がゆとりのある輸送を続けている。沿線には戸越銀座ほか昭和時代の面影の濃い商店街や閑静な住宅地が広がっている。

かつては古い車両が名物だったが現在は一新している。

東急電鉄東急多摩川線

【京浜東北線との接続駅】蒲田　【区間】多摩川〜蒲田
【駅数】7　【開業年月日】大正12年(1923)3月11日
【路線距離】5.6km　【軌間】1067mm　【最高速度】80km／h

　目黒—蒲田間の目蒲線として開通し、関東大震災後は田園調布をはじめ、沿線に住宅と多数の学校が増えて、東横線と並ぶ山の手の市街地が発展していった。平成12年(2000)8月に東横線の混雑解消と地下鉄南北線、三田線との相互直通運転開始のため、目黒—田園調布間は目黒線、多摩川—蒲田間は東急多摩川線となった。後者は4連から3連となって池上線と車両を共用し、ワンマン化された。両線とも各駅にはホーム柵が設けられ、TASC(定位置停止装置)を使用している。蒲田駅では両線のターミナル風景が見られる。

3000番代の旧性能車の時代が長かった。

目蒲線時代の蒲田駅ホームの情景。

東急電鉄東横線

【京浜東北線との接続駅】横浜
【区間】渋谷～横浜
【駅数】21　【開業年月日】大正15年(1926)2月14日
【路線距離】24.2km　【軌間】1067mm
【最高速度】110km／h

　昭和7年(1932)年3月に渋谷—桜木町間が全通し、都市間連絡路線としての地位を高めた。途中駅には代官山、中目黒、自由が丘、田園調布、武蔵小杉、元住吉、日吉、白楽など、知名度の高い商業、住宅、学校の街が連なっている。平成16年(2004)2月に横浜—桜木町を廃止して横浜高速鉄道の横浜—元町・中華街への乗り入れを開始、平成25年(2013)3月には東京メトロ副都心線と接続し、東武東上線、西武池袋線とも相互直通運転を開始、利便性を増した。線内には特急、通勤特急、急行、各停が頻発運転されている。

東急初の20m4扉車8000系。現在の基礎を築いた。

一世を風靡した超軽量車・青蛙こと5000系。

横浜高速鉄道みなとみらい線

【京浜東北線との接続駅】横浜　【区間】横浜～元町・中華街
【駅数】6　【開業年月日】平成16年(2004)2月1日
【路線距離】4.1km　【軌間】1067mm　【最高速度】70km／h

　みなとみらい地区、関内地区、本町通りを経て元町通り、中華街への観光客を輸送している。開通以来、車両検修、運転業務は東急に委託して東横線と一体化した運行を続けてきたが、平成25年(2013)3月に東横線と東京メトロ副都心線が接続してからは、当線も東京メトロ副都心線、東武東上線、西武池袋線との相互直通運転を開始、当社線内では自社Y500系の他に東横線の5050系、メトロ副都心線の7000・10000系、東武の9000・9050・50070系、西武の6000系が各社各様の顔を見せるようになり、華やかさを増している。

自社車両の東急タイプY500形。

相互乗り入れの東急5000系。

相模鉄道本線

【京浜東北線との接続駅】横浜　【区間】横浜～海老名
【駅数】18　【開業年月日】大正15年(1926) 5月12日
【路線距離】24.6km　【軌間】1067mm　【最高速度】100km／h

　本線が24.6km、いずみの線(二俣川―湘南台)が11.3kmと小粒だが、れっきとした大手私鉄の一員。本線は大正15年(1926)に開業した神中鉄道の後身で、同社は昭和18年(1943)に相模鉄道(茅ヶ崎―橋本)と合併して相模鉄道神中線となったが、翌昭和19年に旧相模鉄道線が国有化され、旧神中鉄道が相模鉄道となった。戦後の電化後は雑多な電車が走ったが、昭和30年代から独自の車両を走らせて、現在はJR東のE231系以降と同系の新車を入れて標準化を進めている。東横線、JR線経由の東京進出計画も具体化している。

2000系は国鉄の戦災復旧17m車の改造。

昭和30年代半ばから量産された6000系。

横浜市営地下鉄 ブルーライン

【根岸線との接続駅】横浜・桜木町・関内　【区間】湘南台～あざみ野　【駅数】32　【開業年月日】昭和47年(1972) 12月16日
【路線距離】40.4km　【軌間】1435mm　【最高速度】80km／h

　地下鉄としては我が国最長の都営大江戸線の40.7kmに次ぐ40.4kmの長距離路線。湘南台―上大岡―関内―桜木町―横浜―新横浜―センター南―あざみ野と横浜市の主要部とニュータウンを結ぶ重要な足になっている。センター南駅・北駅ではグリーンライン(日吉―中山)と方向別にホームを並べている。車両は初期車が引退し、現在は3000系の6連に統一されている。18mの3扉車で、床面はかなり低床。全駅ホームドア完備、平成19年(2007)12月からワンマン化、ATO使用、運転士乗務の自動運転を行っている。

日本一路線距離が長く、途中地上も走る。

金沢シーサイドライン

【根岸線との接続駅】新杉田 【区間】新杉田～金沢八景
【駅数】14 【開業年月日】平成元年(1989)7月5日
【路線距離】10.6km 【最高速度】60km／h

　風光明媚だった金沢八景の海の埋め立ては昭和30年代から始まり、高度成長期の昭和40年代に一気に進んだ。埋め立て地の工場群、横浜市大医学部、住宅、マンション、八景島シーパラダイス、海の公園などへの足として建設されたのが新交通システムの金沢シーサイドライン。両端の新杉田でJR根岸線、金沢八景で京急本線に連絡しているので利用しやすい。通勤通学客、行楽客が多く利用するが、新杉田、並木中央、金沢八景駅を除いて無人駅。平成6年(1994)4月からATC、ATOによる無人運転を行っている。

小型とはいえ5両編成で走る姿は壮観。

美しい海を残した埋立地を行く。

湘南モノレール 江の島線

【根岸線との接続駅】大船 【区間】大船～湘南江の島
【駅数】8 【開業年月日】昭和45年(1970)3月7日
【路線距離】6.64km 【最高速度】75km／h

　大船駅から元京急電鉄の専用有料道路に沿って江の島に向かう懸垂式モノレール。旧有料道路は2車線の一般道路と同様に見えたが、昭和5年(1930)に日本自動車道が開設し、京急が引き継いでいたもので、平成元年に鎌倉・藤沢市道となる。当線は昭和46年(1971)7月1日に全通。沿線は大船方の住宅地、工場群から丘陵の住宅地の中を進み、西鎌倉を経て丘陵中腹の湘南江の島駅に着く。沿線の開発が進み利用客のほとんどが通勤客。車両は3連に強化され、早朝・深夜を除き7～8分間隔、所要14分で輸送に務めている。

わが国では少数派の懸垂式で、運転本数が多い。

COLUMN
横浜駅3代記

　初代横浜駅は明治5年(1872)の鉄道開通時に開業した。明治20年(1887)に東海道線の横浜―国府津間が開通。新橋〜国府津間を往復する列車は横浜駅でスイッチバックすることになった▼明治31年(1898)、スイッチバック解消のため横浜駅を経由しない短絡線が陸軍の要請に基づいて開通。直行優等列車の上りは程ヶ谷(現保土ヶ谷)、下りは神奈川停車となり、横浜駅―程ヶ谷駅間に連絡の小運転列車を設定▼明治34年(1901)10月、短絡線上に平沼駅を開設、横浜市民の便宜をはかる。優等列車の神奈川、程ヶ谷停車を廃し、平沼駅停車となる▼大正3年(1914)12月、京浜線電車運転開始、電車線の仮駅として高島町駅を開業。大正4年8月、神奈川駅から程ヶ谷連絡線までの新線を敷き、高島町駅近くに2代目横浜駅を開業。初代横浜駅を桜木町駅と改称し、京浜線電車の専用駅とする。短絡線の平沼駅は廃止▼昭和3年(1928)10月、神奈川駅―程ヶ谷方面への短絡線の廃線跡を復活して3代目横浜駅を開業。神奈川駅―2代目横浜駅間を廃止、神奈川駅を廃止。東海道線が現在のルートとなる。2代目横浜駅跡に残っていた京浜線ホームを廃止、昭和5年1月、京浜線も3代目横浜駅にホームを並べる▼以上の動きを1枚の図にしたものを示す。横浜都市発展記念館発行「ハマ発Newsletter」第3号(2004.8)所収の図を参考に作成したものである。

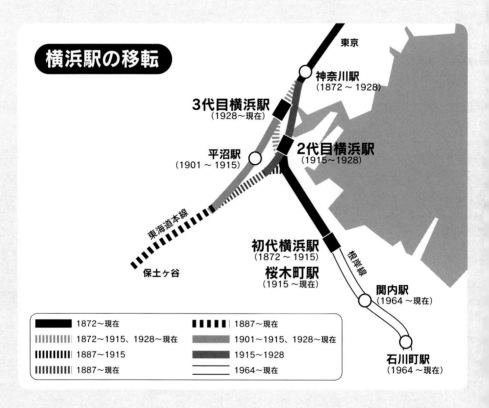

あとがき

　京浜東北線は、昭和10年代の子供の頃から両親または父親と都心に出た時に東京駅や上野駅で眺めていました。今思えば17m車の30、31系や40系のモハ60・サハ57形の編成だったのですが、中央線や山手線、小田急線などを見慣れた目には大型車の長大編成に見えたものでした。

　本格的に京浜東北線に乗るようになったのは戦後の63形全盛期からで、その後の72・73系、103系、209系の時代も目を離さずにいたつもりです。現在のE233系になってからはすっかり熟成した感はありますが、先端をゆく伝統の味は健在で、将来にも期待がもてそうです。

　本書はそうした京浜東北・根岸線の一面をとらえたに過ぎませんが、記述に当たっては「鉄道ピクトリアル」誌の各号、および新出茂雄・弓削進著『国鉄電車発達史』（電気車研究会、1959）、および沢柳健一・豊永泰太郎他著『国鉄電車のあゆみ』（交友社、1968）を参考にさせていただきました。編集並びに掲載写真の借用等についてはJTBパブリッシング企画出版部の木村嘉男氏、およびフォトパブリッシング各位のお世話になりました。紙面を借りて各位に厚く御礼申し上げます。

　　　　　　　　　　　　　　　　　　　　　　　　　（三好好三）

著者プロフィール

三好 好三【みよし よしぞう】

1937年、東京市世田谷区生まれ。小田急と玉電(現・東急世田谷線)で幼時から私鉄電車ファンに。1950年に中央沿線に移り住み、私鉄＋国鉄＋路面電車のファン兼研究者になる。国学院大学文学部卒業。高校教諭を務め、1981年から執筆活動を開始。主な著書に「鉄道ライバル物語 関東vs関西」「昭和30年代バス黄金時代」「中央線 街と駅の120年」「武蔵野線まるごと探見」「総武線 120年の軌跡」(以上JTBパブリッシング)、「よみがえる東京 都電が走った昭和の街角」(学研パブリッシング)、「西武鉄道 昭和の記憶」「京王線・井の頭線 昭和の記憶」「京成電鉄 昭和の記憶」「小田急電鉄 半世紀の軌跡」(以上彩流社)など多数。

写真・資料提供(五十音順)

生田誠、岩堀春夫、小川峯生、上原庸行、江本廣一、荻原二郎、鹿島雅美、亀井一男、高野浩一、田部井康修、西尾源太郎、松本正敏(RGG)、三宅俊彦、安田就視、山田虎雄、吉村光夫

編集協力
株式会社フォト・パブリッシング

撮影協力
杉崎行恭

本文デザイン・DTP
柏倉栄治

キャンブックス
京浜東北線100年の軌跡
埼玉・東京・神奈川を結ぶ大動脈

著 者	三好好三
発行人	秋田 守
発行所	JTBパブリッシング

〒162-8446 東京都新宿区払方町25−5
http://www.jtbpublishing.co.jp/

○ 内容についてのお問い合わせは
　JTBパブリッシング
　出版事業本部企画出版部第一編集部
　☎03・6888・7845

○ 図書のご注文は
　JTBパブリッシング　営業部直販課
　☎03・6888・7893

印刷所　JTB印刷

©Yoshizou Miyoshi 2015
禁無断転載・複製143409
Printed in Japan 374290
ISBN978-4-533-10130-4 C2065
◎落丁・乱丁はお取り換えいたします。
◎旅とお出かけ旬情報
　http://rurubu.com/

読んで楽しむビジュアル本 キャンブックス

鉄道

- 鉄道廃線跡を歩く I〜X 完結編
- 鉄道未成線を歩く 私鉄編
- 私鉄廃線25年
- 私鉄廃線跡を歩く I〜IV
- 全国歴史保存鉄道
- 世界の廃線跡を歩く 戦中・戦後の鉄道
- 台湾鉄道の旅
- 世界のLRT／世界の鉄道
- 私鉄のハイスピードトレイン
- 駅舎 再発見／駅旅のススメ
- 現役蒸気機関車のすべて
- 遙かなり C56／全国森林鉄道
- 地形図でたどる鉄道史
- 地形図でたどる鉄道史 東日本編
- 時刻表でたどる鉄道史 西日本編
- 時刻表でたどる特急・急行史
- 時刻表でたどる夜行列車の歴史
- 時刻表でたどる新幹線発達史
- 時刻表に見る《国鉄・JR》電化と複線化発達史
- 時刻表に見る《国鉄・JR》列車編成史
- 昭和を走った列車物語
- 昭和30年代の鉄道風景
- 東京駅歴史探見／東京市電名所図絵
- 横浜の鉄道物語
- 札幌市電が走る街 今昔
- 山手線 ウグイス色の電車 今昔50年
- 中央線 オレンジ色の電車 今昔50年
- 都電が走った街 今昔 I／II
- 玉電が走った街 今昔
- 横浜市電が走った街 今昔
- 名古屋市電が走った街 今昔
- 京都市電が走った街 今昔

- 大阪市電が走った街 今昔
- 伊予鉄が走る街 今昔
- 土佐電鉄が走る街 今昔
- 広電が走る街 今昔
- 長崎「電車」が走る街 今昔
- 熊本市電が走る街 今昔
- 鹿児島市電が走る街 今昔
- 日本の路面電車 I／III
- 東京 電車のある風景
- 名古屋近郊 電車のある風景
- 関西 電車のある風景
- 関西 鉄道考古学探見
- 東海道新幹線 II 改訂新版
- 東海道線黄金時代 電車特急と航空機
- 東海道新幹線50年の軌跡
- 山陽新幹線／山陽鉄道物語
- ジョイフルトレイン図鑑
- 関西新快速物語
- 小田急の駅 今昔・昭和の面影
- 小田急ロマンスカー
- 小田急通勤型電車のあゆみ
- 江ノ電・懐かしの電車名鑑
- 箱根登山鉄道125年のあゆみ
- 伊豆急50年のあゆみ
- 相模鉄道
- 総武線120年の軌跡
- 京成の駅 今昔・昭和の面影
- 京浜東北線1000年の軌跡
- 京急電車の運転と車両探見
- 京急クロスシート車の系譜
- 京急の駅 今昔・昭和の面影
- 京急の車両
- 京急1000形 半世紀のあゆみ
- 東急の駅 今昔・昭和の面影
- 東急の車両 今昔・昭和の面影

- 東急ステンレスカーのあゆみ
- 東急電鉄まるごと探見
- 西武電鉄まるごと探見
- 京王電鉄まるごと探見
- 大手私鉄まるごと探見 東日本編
- 武蔵野線まるごと探見
- 大手私鉄比較探見
- 大手私鉄比較探見 西日本編
- 関東私鉄比較探見
- 関西私鉄比較探見
- 名鉄 名称列車の軌跡
- 名鉄パノラマカー
- パノラマカー栄光の半世紀
- 日本のパノラマ展望車
- 名鉄600V線の廃線を歩く
- 名鉄の廃線を歩く
- 名鉄電車 昭和ノスタルジー
- 京阪特急／近鉄特急 上／下
- 近鉄の廃線を歩く
- 阪神電車／南海電車
- 琴電・古典電車の楽園
- ことでん長尾線のレトロ電車
- 琴電100年のあゆみ
- 西鉄電車 特急電車から高速バス・路線バスまで
- キハ47物語
- キハ82物語／キハ58物語
- 581・583系物語／DD51物語
- 103系物語／485系物語
- 111・113系物語
- 115系物語
- 国鉄特急電車物語 直流電車編
- 国鉄急行形電車物語
- 寝台急行『銀河』物語 旧性能電車編
- ブルートレイン
- 日本の電車物語

- 日本の電車物語 新性能電車編
- 九州特急物語
- 幻の国鉄電車
- 京王帝都電車30年／旧型国電50年II
- ローカル私鉄車輌／私鉄気動車30年
- 全国鉄道博物館／譲渡車両 今昔
- 国鉄鋼製客車 I／II
- 国鉄・JR 特急列車100年
- 国鉄・JR 悲運の車両たち
- 国鉄・JR 関西圏近郊電車発達史
- 鉄道準急列車物語
- 鉄道連絡船細見／軽便鉄道時代
- 時刻表1000号物語 Cの時代
- 永遠の蒸気機関車
- 鉄道メカニズム探究
- 知られざる鉄道決定版

交通

〈キャンDVDブックス〉
- 京急おもしろ運転徹底探見
- 東急おもしろ運転徹底探見
- 小田急おもしろ運転徹底探見
- 黒岩保美 蒸気機関車の世界
- 追憶 新幹線0系 ③本州編（其の弐）・九州 ①北海道編 ②本州編（其の壱）
- SLばんえつ物語号の旅
- 西の鉄路を駆け抜けた ブルートレイン＆583系
- 横浜大桟橋物語／YS-11物語
- 絵葉書に見る交通風俗史

るるぶの書棚　http://rurubu.com/book/
TEL 03-6888-7893　FAX 03-6888-7829

東京縦貫線の開業後
(昭和5年)

関東大震災の復興が一段落した時期の図で、下町地区の道路が新設、拡張されている。鉄道のほうは大正8年に中央線の万世橋〜東京駅間が高架線で開通、続いて大正14年に念願の上野〜東京駅間の高架複々線が開通していた。東京駅を境に東京以南は東海道本線、東京〜上野間の縦貫線は東北本線の一部となって現在に至っている。
(帝国陸軍陸地調査部発行1万分の1地形図「日本橋」)